四特 教育系列丛书 SITEJIAOYUXILIEC

U0695557

名师真经

《"四特"教育系列丛书》编写组　编著

吉林出版集团股份有限公司
全国百佳图书出版单位

图书在版编目 (CIP) 数据

名师真经 / 《"四特"教育系列丛书》编写组编著 .
—长春：吉林出版集团股份有限公司，2012.4
（"四特"教育系列丛书 / 庄文中等主编 . 在故事中升华经典）

ISBN 978-7-5463-8656-0

Ⅰ . ①名… Ⅱ . ①四… Ⅲ . ①中小学－教师素质
Ⅳ . ① G635.16

中国版本图书馆 CIP 数据核字（2012）第 044106 号

名师真经

MINGSHI ZHENJING

出 版 人	吴　强	
责任编辑	朱子玉　杨　帆	
开　　本	690mm × 960mm　1/16	
字　　数	250 千字	
印　　张	13	
版　　次	2012 年 4 月第 1 版	
印　　次	2023 年 2 月第 3 次印刷	

出　　版	吉林出版集团股份有限公司
发　　行	吉林音像出版社有限责任公司
地　　址	长春市南关区福祉大路 5788 号
电　　话	0431-81629667
印　　刷	三河市燕春印务有限公司

ISBN 978-7-5463-8656-0　　　　定价：39.80 元

前　言

学校教育是个人一生中所受教育最重要组成部分,个人在学校里接受计划性的指导,系统地学习文化知识、社会规范、道德准则和价值观念。学校教育从某种意义上讲,决定着个人社会化的水平和性质,是个体社会化的重要基地。知识经济时代要求社会尊师重教,学校教育越来越受重视,在社会中起到举足轻重的作用。

"四特教育系列丛书"以"特定对象、特别对待、特殊方法、特例分析"为宗旨,立足学校教育与管理,理论结合实践,集多位教育界专家、学者以及一线校长、老师们的教育成果与经验于一体,围绕困扰学校、领导、教师、学生的教育难题,集思广益,多方借鉴,力求全面彻底解决。

本辑为"四特教育系列丛书"之《在故事中升华经典》。

这是一部写给老师的书,因为故事中蕴含着慈爱、和谐、人性的教育方式;这也是一部写给学生的书,因为故事中洒满老师们对学生的温暖、感动、爱意、执着、顽强与刚毅……

教育是一门科学,也是一门艺术,是塑造人心智的高超艺术。对于教育人人都有自己的看法,而这本书中的观点能给人以许多启示。本书还汇集了众多著名教育学家、知名教师的经典教育文论,共同领略著名专家学术研究风范,引领我们进入教改理论与实践前沿,分享最新研究成果,把握创新教学理念脉搏,感悟前瞻性的教学思想。

教育,润物无声,是一种智慧、一种境界、一种追求。教育的这种智慧,这种境界,这种追求,虽然无声无形,但却有踪迹可寻。在教育实践中,那一个个平凡却并不平淡的片段,或呈现出教师解决问题的教育智慧;或记录着教师走出困惑的教学经历;或展现出教师奉献爱心的热忱。回顾那一个又一个生动的教育实践,既是一个沉淀的过程,也是一个升华的过程。

本辑共20分册,具体内容如下:

1.《师生情难忘》

如果我们的人生有一段华美的乐章,那一定来自老师教给我们的7个音符!一天天,一年年,我们在校园里茁壮成长。从懵懂孩童到青春飞扬,然后进入社会大舞台搏击人生。老师谆谆教诲的深情,是我们前行的灯火,给我们温暖、力量和信念……本书选录了100篇发生在师生之间的真情故事。这些平凡而真切的故事,让我们感动,让我们沉思,让我们回忆,让我们心怀敬意和感激……

2.《记忆深处》

翩翩红叶,徐徐飘落,总不忘留给土地柔软与肥沃;涓涓泉水,潺潺流淌,总不忘带给岸边甘甜与欢歌。享受"师生"情,奉献真诚心!让我们把握这份情,让心灵浸润在肥沃的土壤,开出绚烂的花朵;让我们紧守这份爱,让生命谱写圣洁的乐曲,唱出青春的赞歌。

在坎坷的人生道路上,是谁为我们点燃了一盏最明亮的灯;在荆棘的人生旅途中,是谁甘做引路人为我们指明前进的方向……是您,老师,把雨露洒遍大地,把幼苗辛勤哺育!无论记忆多么久远,每当想起老师,依然激情难耐;每当面对熟悉的老师,那一瞬间,那一件小事……总是激起我们对老师久蓄于心的感激……

3.《成长足迹》

这是发生在校园里的平凡而又感人至深的师生故事。因为爱,所以在教育的天空下,才会发生这么多感人的故事,这些也是对教育生命的审问、感怀和确认。这是一部写给老师的书,因为故事中蕴含着慈爱、和谐、人性的教育方式;这也是一部写给学生的书,因为故事中洒满老师们对学生的温暖、感动、爱意、执着、顽强与刚毅……

4.《悸动的心灵》

追忆往事并不是轻而易举的事情,在漫长的教育生涯中发现自己最难忘的某一个瞬间,其实也就像重新获得一种生存的意义一样美妙。这些教育故事也许并不是教育的解决之道,但却是对教育生命的审问、感怀和确认。也许我们更应该在教育中活出自己,也许我们既活在未来更活在无限的过去,在这些纷繁复杂却又素朴平凡的场景中,有最乐意的付出,有泪水和智慧,更有日日夜夜用心抒写因而温润无比的爱。

5.《春暖花开》

教育是一门科学,更是一门艺术。执著并献身于教育,不仅需要大步向前,也需要回头反思。回顾那一个又一个生动的教育实践,既是一个沉淀的过程,也是一个升华的过程。走进本书,这里全是暖暖的爱。

6.《孩子的微笑》

教育,润物无声,是一种智慧、一种境界、一种追求。教育的这种智慧,这种境界,这种追求,虽然无声无形,但却有踪迹可寻。在教育实践中,那一个个平凡却并不平淡的片段,或呈现出教师解决问题的教育智慧;或记录着教师走出困惑的教学经历;或展现出教师奉献爱心的热忱。

7.《故事里的教育智慧》

本书主要关注家庭教育、学校教育及社会教育中家长与孩子、教师与孩子、孩子与孩子之间的故事,它的特色是小故事蕴含大道理。其宗旨是:讲述真实的教育故事,研究深切的教育问题,创生新锐的教育思想,激活精彩的教育行动。其风格是:直面真实,创新为本和故事体裁。

8.《难忘的教育经典故事》

根据家长、教师和孩子的困惑,用各种形式的教育故事讲述一些很明白的道理,引导人用智慧的手段促进人的成长。这些故事或来自国外的或来自一线教学的实践,对于教育类人群均具有启发性。一个个使教师深思的小故事,一个个让学生向善的小故事,让我们教师真正领会生命教育的内涵。从现在开始关注生命的成长,关注人类的发展,关注社会的进步。

9.《中国教育名家印记》

在人类文明的进程中，数不清的教育大家，手擎着大旗，浓书着历史，描绘着蓝图，才有了今日教育的巨大进步。他们站在教育的殿堂里，发出的宏音，留下的足印，历史永远都不应该忘记，也不会忘记。

本书编者放眼中国教育进程，遴选出对教育产生重大影响的国内近百位教育名家，对其生平、教育思想、学术成果等进行介绍评说。

10.《外国教育名家小传》

在人类文明的进程中，数不清的教育大家，手擎着大旗，浓书着历史，描绘着蓝图，才有了今日教育的巨大进步。他们站在教育的殿堂里，发出的宏音，留下的足印，历史永远都不应该忘记，也不会忘记。

本书编者放眼人类教育进程，遴选出对教育产生重大影响的近百位世界教育名家，对其生平、教育思想、学术成果等进行介绍评说。

11.《随手写教育》

什么是良好的教育？教育是诗性的事业？性教育何去何从？是否应该把儿童世界还给儿童？假设陈景润晚生40年……本书汇聚了中国最佳教育随笔，对于和教育相关的各个方面问题都有所畅谈，对于教育者和被教育者来说都有所裨益。

12.《我心思教育》

本书涉及到了教育学众多的重要领域和主题，包括教育的真义、教育的价值、教育与社会、教育与生活、课程与教学、道德教育、师生关系、教师的学习与成长等等。它力图用感性的文字表达理性的思考，用诗意的语言描绘多彩的教育世界，以真挚的情感讴歌人类之爱，以满腔的热情高扬教育的理想与信念。

13.《教育新思维》

本书站在教育思想的前沿，以既解放思想又科学审慎的态度，兼用独特的视角，论述了近年的教育理论新说，涉及"教育呼唤'以人为本'"、"公民教育"、"素质教育新解读"、"教育公平与政府责任"、"创新人才培养"、"文化传承与创新"、"教育家办学"等热门话题。这些文章，不避偏，不畏难，遵循教育发展规律和中小学生身心发展规律，引领教育理念和教育实践，反思教育行为误区，无不闪烁着思想和智慧的光芒。对于渴望提升自身理论素养的教育工作者来说，这本书值得一读。

14.《名家名师谈教育》

本书使读者在学习和掌握教育理论的同时，领略到文章的理趣、情趣和文趣，既有助于深厚教师的文化底蕴，又有助于帮助广大教师确立对于教育的理想与信念；既有助于培养和激发广大实践工作者的理论兴趣，又能帮助教师生成教育的智慧和提升广大读者对于生活的热爱与柔情。

15.《世界眼光看教育》

本书荟萃了多位世界级教育思想巨擘的主要思想。从皮亚杰的发生认识论、维果茨基的文化—历史理论、布鲁纳的结构主义，加德纳的多元智能一直到诺丁斯的关怀教育思想等等，现当代世界教育思想的发展脉络清晰、准确而完整。

本书既有思想评介，又有论著摘录，无论教育研究人员还是一线教育工作者，均可非常便捷而精准地从中获得思想大师们的生动启迪，加深对当代教育发展特质的深切理解，是教育、教研、教学工作者不可多得的必备工具书。

16.《大师眼中的教育》

这不是一本以教育专家的身份、眼光、学养来谈教育的书。本书各篇文章提供了许多新史实、新观点，为我国教育史和教育理论工作者长期以来对某些历史人物评价的思维定势提供了新的清醒剂。

17.《教育箴言》

名人名言是前人留给我们的精神财富和智慧结晶。阅读它，不仅能丰富知识，陶冶情操，更能为我们的人生之路指引方向。该书着重论述三方面的内容：教育——造福人类的千秋伟业；教师——人类灵魂工程师、育人的典范；师德——塑造教师灵魂的法宝。

18.《百家教育讲坛》

这是一本兼具思想性、可读性和经典价值的教育智慧读本。书中介绍了孔子、卢梭、爱因斯坦、康德、梁启超、杜威、蔡元培、叶圣陶等几十位古今中外思想家、科学家、教育家关于教育的精彩论述，集中回答了教育的本质、教学的艺术、知识之美、教师的职业生活、儿童的成长等问题。探幽析微，居高声远，让我们直窥教育本原之堂奥。归真返璞，正本清源，你会发现，教育，原来可以如此朴素而美好。

19.《名师真经》

本书从专家心理学研究出发，以新教师到专家教师这一成长过程为线索，剖析了教师在专业化发展中出现的主要问题与阶段性特征，动态性是展现了教师成长的内在原因与实质，并有针对性地提出了促进新教师成为专家教师的系列化教学理念、观点与方法，这有助于教育研究者与实践工作者深入理解教师专业发展的规律，有利于在观念层面上树立科学的教师人才观，以制定行之有效的教师培养方法与措施。

20.《师道尊严》

本书意在激励教师以站着的方式获得成功。全书讲述了站着成长的精神、站着成长的思想、站着成长的基础、站着成长的学问和站着成长的行动。全书力求字字诉说教师成长之心声，篇篇探寻教师优秀之根本，章章开启教师幸福之道路。

由于时间、经验的关系，本书在编写等方面，必定存在不足和错误之处，衷心希望各界读者、一线教师及教育界人士批评指正。

编者

C目 录
ONTENTS

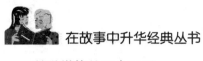

课堂教学对话与沟通

一、有效提问，情意共振

在课堂浓缩的几十分钟里，教师要将知识与技能等传授给学生。教师的教学行为、教学方式、教学过程起着至关重要的作用。而在师生互动的过程中，总领课堂的提问就显得尤为关键。它对教师教学的成败，学生学识的好坏起着不可替代的作用。因而充分把握好课堂提问的有效性是课堂教学的一个重要的支点。在实际教学中，有效的课堂提问能诱发学生思维的兴趣，使提问真正问到学生们的心"坎"上。在接受新知的过程中使学生始终置身到"柳暗花明又一村"的情境中，从而增强学生的学习兴趣。

《家是什么》一课就让我们看到了有效提问带来的课堂效应。

执教老师分层设计提问，力求"精简"。首先紧扣课题来设计问题，在初读课文的基础上，这样简单地问道："课文哪个自然段告诉我们家是什么？"直接从课题引出课文的最后一段即中心部分；然后逐层展开，以问题"为什么家是充满亲情的地方？"引出第一个小故事的教学：

师：读第一个故事，边读边思考，为什么富翁说他没有家？

（这一问题的设计是想让学生得出结论：房子是家。设计精心，紧扣根本，让学生在心里对家有一个疑惑。）

师：没有房子的人会有家吗？读第二个小故事，思考，为什么热拉尔找到女儿第一句话就是"我又有家了"？

（这一问题的设计是想让学生得出结论：女儿≠家，从而提醒学生与前面得出的结论相联系，并同时产生疑问，那么家到底是什么？整节课，教者站在一个高处，从整篇课文来谋划，设计出一组有计划、有步骤的系统化的提问，这样的提问不在于问题的多，重点是把一篇课文用一两个中心的问题来统帅，简练而到位。）

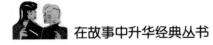

师：那么家到底是什么？

……

课堂提问不是随心所欲的，更不是"尤疑"而问的。教师通过问题设疑、学生解疑生疑，从而得出结论：家与亲情；再自然地引出最后的中心段。这样一来，让人觉得整堂课问题不多，却非常巧妙地把握住了文章的脉搏，并使其辐射到全篇文章的教学，提升了课堂的整体性。

二、会抓生成资源，凸显学生个性

生成资源不是指教师预先设计好，却在教学中产生的新的教学资源。教师生成符合学习实际的新教案，才能引导学生进入发现问题——探索问题——解决问题的情境中来。在课堂上生成的目标是着眼于其自身内在需求，这样的目标更具诱惑力。

在估算教学时，估算一碗黄豆有多少粒。学生参与积极，发言踊跃，说出了不同的估算方法。

生1：可以先用手抓一把，数一数一把有多少粒，再试一试一碗有几把，用"每把的粒数×把数＝一碗黄豆的粒数"，计算出一碗黄豆的粒数。

生2：用手抓有多少，还是用勺子比较好。

生3：我是用称的方法，称出一碗黄豆的重量和一粒黄豆的重量，再用"一碗黄豆的重量÷一粒黄豆的重量＝黄豆的粒数"，计算出一碗黄豆的粒数。

生4：我觉得称一粒黄豆的重量用一般的秤，误差很大，还是先称出10粒黄豆的重量为好，一碗黄豆的重量是10粒黄豆重量的几倍，粒数也是它的几倍。

生5：把一碗黄豆铺在桌子上，量出面积是多少，再量一平方分米的黄豆有几粒，总面积是一平方分米的几倍，粒数也是它的几倍。

生6：我是这样想的，先量一量一粒黄豆占多大的空间（指黄豆的体积），再量出一碗黄豆占多大的空间，然后求出黄豆的粒数。

（由于体积没学，学生只能用自己的语言"黄豆占多大的空间"来体现。）

……

师：同学们很聪明，想出了这么多五花八门的方法。在这么多的方法中，哪几种方法是可行的？哪几种方法是不可行的？在可行的方法中，哪些是比较方便、比较常用的？

生7：我觉得第一种方法最好，不借助于其他工具，最方便、最实用。

生8：我觉得第二种方法也比较好，因为勺子我们家里都有，使用比较方便，而且比手抓还要准确。

生9：对于"称的方法"，我认为想法很好，但实际操作中因要借天平不是很方便，再说黄豆的重量很轻，误差很大。

学生选择其中一种方法实践操作。

……

动态的课堂，问题是富有挑战性的，答案是不确定的，过程是现场生成的，结果是不能完全预测的。在这个案例中，因为每个学生都是唯一的各不相同的生命体，所处的家庭环境、社会背景、文化基础不同，他们对问题的理解，有自己的思维方式和个性的特点，于是，才有了如此多彩的回答，才能凸显学生的个性。

三、发散思维，挖掘内涵

语文新课标指出：语文课程丰富的人文内涵对人们精神领域的影响是深远的，学生对语文材料的反应又往往是多元的。因此，在重视语文的熏陶感染作用、注意教学内容的价值取向的同时，也应尊重学生在学习过程中的独特体验。不同的学生对同一语言文字的理解会有不同，没有正确与否的绝对标准。从这个意义上来说，语文学科应该是开放的，问题答案完全可以是多种多样的。承认多种答案的正确性，鼓励学生积极参与，运用自己的知识、生活经验去主动体验语言文字的内涵，正是学生自主学习、培养能力的过程。

一位老师在讲苏教版第一册《家》的教学过程中让同学们读了"蓝天是白云的家，树林是小鸟的家，小河是鱼儿的家，泥土是种子的家"之后就有同学举手提问了。

生："老师，蓝天不光是白云的家。"

师："哦？那你说蓝天还是谁的家？"

生接着说："我觉得蓝天还是太阳的家。"

师："你的想象真丰富，不错，可以这么说。"

这一下激发了其他同学的想象，他们也积极地举手发言。

生："我说树林还是小兔的家。"

生："我觉得树林也是小鹿的家。"

生："树林还是老虎的家。"

生："我说小河，小河也是小虾的家。"

生："泥土也是麦苗的家。"

……

看着一张张因为动脑思考变得红扑扑的小脸，看着一双双闪着智慧火花的明亮的眼睛，我们由衷地钦佩这位老师的教学水平。是的，学生能够透过书本，紧密结合自己的直接经验，独立思考，对教科书自我解读，充分发表自己的个人感受和独特见解，这样一个过程是多么不简单哪！

四、跳一跳，摘桃子

教师设置的问题难度要适中，既不能设置太容易，学生不用过多思考动脑就能回答出来，也不能设置太难，使学生百思不得其解。要让学生"跳起来就能摘到桃子"。这就是说：学生经过思考、努力、交流合作基本上可以把问题解决。学生通过自己的努力，把问题解决，更激发了他们探究、解决问题的积极性，特别是对那些基础比较差的学生，更应该提问一些比较简单的题目，增强他们学习的信心，这比学会知识更重要。学生在解决问题中意识到，只要努力，不仅能够解决疑难问题，而且会变得更加自信。在教学过程中教师提出的问题学生答不出，这是常有的事。对于这些难度过大的问题，教师应想方设法"化难为易"，以避免陷入"启而不发"的境地。

五、讲究时机，适时质疑

在教学中，我们常常遇到这样的情况：在课文讲读将结束之时，我们一般都会请学生谈谈收获或感想，但此时往往是学生的思维趋于停滞之时，这时候的回答不能算错，但也不能算优。回答仅止于现象，停留于表面。此时，如果老师能及时地深入挖掘，巧妙提问，往往能推波助澜，收到意想不到的效果。

在学完《最大的"书"》这一课后，老师先问："课文中最大的'书'指的是什么？"学生回答："岩石。"老师又问："读完了这本书，你想做些什么？"生均回答"长大我要做地质科学家"云云，一片大唱高调的状态，见此情景，老师紧追不放，抛出重磅一问："有一本书比岩石还要大，它才是我们身边最大的'书'，你们知道是什么吗？"学生们听完，先是睁大眼睛一愣，紧接着恍然大悟，一片如林的小手举了起来，他们齐声大喊："大自然！"老师连忙乘胜追击："那现在你想对这充满奇妙的大自然说些什么？"一生："我想说，大自然你太伟大了！"另一生："我想说，大自然你太神奇了，我一定要好好向你学习，把你埋藏的秘密全都揭开！"……下课铃响了，老师欣慰地笑了，因为老师知道他已经把一颗热爱自然的种子种在了学生的心里。

六、精神敞开，彼此接纳

虽然静悄悄的课堂未必是好的，但是"热烈"的课堂对话也未必是有效的。一个关键问题是学生在课堂上谈些什么，怎样谈。如果学生仅仅停留在漫无目地地聊天，或者毫无秩序地交谈，没有真正解决遇到的问题，那么这种对话只能干扰学习而不能促进学习。在当前的课堂对话中，教育工作者特别强调学生应该享有平等、民主的权利，然而过分强调权利，常常忽视了对话中的责任。师生即使承担起了相应的责任，还要达成学习目标，选择合适的教学任务和方式。为了保证更高效率的对话，教师还要建立一套教学常规。

总结起来对话方式主要有以下几种：

1. 教师讲授。目前很多学校还在广泛地使用，教师在黑板前讲授，学生听。这种方式一般缺乏与学生的交流与互动。

2. 问答式。教师让学生回答已有答案的问题。典型的顺序就是教师提问题，学生回答，然后教师评价。它作为一种课堂对话方式并不能促进学生形成严密的思维，积极主动地使用知识，而多用于检查学生记忆知识的情况。

3. 教师——学生协商。将问题主要集中在几个学生，能很好地满足参与对话的学生要求。教师能注意到个别学生，并对其给予较深入的关注。但不能充分地监控其他学生，课堂上还需要其他教师的协助。

教师引导下的小组讨论中，学生有更多的机会交流，参与程度较深。但无法监控小组外的其他学生。这就要求教师详细地制订计划，利用任务与活动来抵消这些缺陷。

①学生引导的小组讨论中，教师能使不同小组的学生参与到挑战性的任务中，并能互相成为对方的资源。此外在大组中发言感到胆怯的学生，在小组中可以得到锻炼的机会。但是，没有教师出现，可能无法保证小组讨论顺利进行。也有学生在群体中占有优势，得到更多的重视，导致"马太效应"。②教师引导的全班讨论，涉及课堂中所有学生，教师可以注意到每个学生，并对即将讨论的主题发生影响。与前两种对话方式相比，学生会积极地参与到讨论之中，产生更多的新知识。但与其他三种对话方式相比，完成任务难

度较大，因此教师要考虑学生之间的差异，如地位、兴趣、态度和说话方式的差异。

每种对话方式有优点，也有局限性，关键是教师如何利用这些对话方式，在平时教学中帮助学生建立一套对话方式的常规。

在教学对话中教师要积极地行动起来，确保有目的的和有创建性的对话，因此教师也要为自己建立一套常规的行动，鼓励学生适宜的行为。教师要让学生注意到每个关键点。例如，教师要强调有价值的观点（"这一点很有价值"），还可以请同学用自己的话复述其他同学有价值的观点，并指出这一点为何很重要。如果有同学提出了一个能激发思考的问题，教师要及时鼓励（"好问题，你怎么想出来的?"）。教师要引用事实和例子，激励学生去细化和澄清别人的论点。教师要向学生示范他们希望表现出来的行为和思维习惯。

一位教师在教学《三峡》时，设计的"对话式阅读"这一教学过程，就较好地体现了对话式阅读的内涵与特征。

1. 创设对话的良好氛围。

（1）可运用多媒体课件展示三峡雪白的急流、碧绿的潭水、飞奔的船只和奇异的猿啸等自然风景，引领学生亲历课文意境；

（2）还可以利用课文配乐朗读，引导学生初步感知课文意韵之美。

2. 创设对话的主导问题。

譬如：回溯三峡的过去，细看三峡的现在，展望三峡的未来，你想到了什么？

3. 设置刺激参与对话的话题。

（1）教师与学生的对话。如：《三峡》先写山后写水，是如何写山的？又是如何写水的？为什么要这样写？

（2）学生与教师的对话。如：《三峡》语言凝练，虽然只有几百字，却能绘尽四季景色，罗列山水猿啸，为什么能达到这种效果？

（3）学生与学生的对话。如：《三峡》第二自然段"或王命急宣"似乎不属于自然描写，这是否与本文写景的宗旨背离？你有什么看法？

（4）师生与作品的对话。如：郦道元写三峡风光，大部分笔墨放在写水，水是课文的重点，那么为什么要先写山后写水？能否调整一下顺序，或者只写水？

4. 培养学生在对话中的创造性。

譬如：通过讨论"我们今天应当怎样开发和利用三峡？"这一问题，在充分尊重学生的阅读体验的基础上，调动学生的生活积累，挖掘学生的创造潜能，培养学生的创新意识。

七、直面文本，切入语境

要实现真正意义上的高效的对话，教师就必须引导点拨得法。唯有这样，师生间的沟通才是有意义、高效绩的，而不是教师打着"尊重学生的独特体验"的幌子，对学生学习中出现的明显错误概不追究，听之任之，或实行"师道尊严"一统天下，将"平等互动"的旗帜束之高阁。在课堂教学过程中，当学生对探讨的问题感到迷惑不解或是产生片面错误的认识时，教师要运用灵活的教学手段，促使学生自己去排除阻碍、解决疑难、开启思维、发展能力。

然而，时下的各种"对话"在课堂上却多见浅尝辄止、随意曲解或偏离教材的情况。我想，要真正落实"三维对话"，关键是要保证学生有充分的自主性阅读、个性化建构的时间（即"生本对话"）。一旦学生能由此而从文本中积聚"谈资"，那师生间的"言语交往"也就有了生成发展的"基点"。

特级教师孙老师在执教《最大的麦穗》一课时，引导学生与文本进行时间充裕而又层次分明的"二次攻读"，让整个课堂繁花似锦、美不胜收。首先，引导学生与文本进行"一次"攻读，师：经过几遍练习，你们已经能够把课文读得非常好。下面请你们开始默读课文，想想自己从中明白了些什么，可以在书旁写下你的感受。

（学生默读课文并作批注。五分钟后，师生对话。）

师：请你们自由交流各自的读书体会，好吗？

生：我体会出一个道理，时间一去不回头，我们要好好地把握每一次机会。

师：体会得很准确。

生：苏格拉底要求其弟子去摘一个最大的麦穗，"只许进，不许退"。表面上是提出一种要求，实际上是告诉弟子们，时间不能倒流，生命不能重复！"花有重开日，人无再少年。"人生的路上，我们要把握住每一次机会！

师：你理解得很透彻，表达流畅且自信满怀。孙老师非常欣赏你，咱们握握手!

生：课文启示我们，机不可失，时不再来，把握住现在，就掌握了未来。

师：好个"把握住现在，就掌握了未来"，你朴实的话语中有深刻的道理。

生：人的一生仿佛是在麦地中行走，寻找那一株最大的麦穗，追求一个最高理想，如果好高骛远，不能脚踏实地，到头来只会落得两手空空。

师：你的感受很深刻，语言很流畅！

生：我认为，人的追求应该是最大的，但抓住面前的每一次机会却是最重要的。因为，通向理想的道路是眼前的每一次机会铺成的。

师：理想是需要的，现实是客观的，理想和现实的完美结合才是重要的。

……

孙老师独树一帜的"批注"式导读虽然使课堂寂寞一时，但却"此时无声胜有声"，学生都能自由自在地"以我笔写我心"。其实，"批注"虽使课本变得不再那么"整洁干净"，但它与"不动笔墨不读书"的古训却是如出一辙。学生岂止是在批注文章，更是在批注个性、批注思想，都在用思维触摸"白纸黑字"，都在用心灵谛听文字背后的声音。

当前语文课对学生的"写"虽有所重视，但多为教学高潮过后的"小浪花"而已。孙老师的课堂却把"写"（批注）作为一种阅读"武器"而大胆"先行"，学生在"写"中高效地使用着自己的"读书时间"，其思维在与文本的直接对话中被完全激活，因此交流时妙语连珠。而"妙语连珠"过后，孙老师引导学生与文本进行的"二次"攻读则更是异军突起。

师："横看成岭侧成峰，远近高低各不同。"如果从不同角度欣赏课文，譬如"大学者苏格拉底教育学生有什么独到之处，他的弟子如此学习对你有什么启发？"带着这些问题再次与课文对话，你们肯定会有许多"美丽"的收获。

（学生再次潜心读书，四分钟后，师生对话。）

生：一般的上课是在教室里，而苏格拉底上课是在麦地里；一般的上课用课本，而苏格拉底却是用麦穗。

师：你善于比较，很快找到了苏格拉底教学的独到之处，很不简单！

生：他的"发现"对我启发很大——不仅麦地可以当教室，社会也可以当教室；不仅麦穗可以当课本，整个大自然都可以当课本。

师：说得好！你思路开阔！其实，宇宙就是一个神秘的大课堂，生活就是一部无字天书。那里有广阔的天地，那里有丰富的知识。

生：苏格拉底教育弟子们不是直接告诉他们一个道理，而是让他们亲自实践、体会，最后悟出人生的道理，自己悟出来的往往是刻骨铭心的。

师：你的回答很精彩！我赞同你的看法。有时靠着别人告诉的道理，就好像戴在自身的假发、假牙一样，看上去很逼真，但却没有生命力；而靠自己体验悟出的道理就像扎根沃土的大树一样，生机勃勃。

生：弟子们辛辛苦苦、挑挑拣拣，结果却两手空空。这样的结局太令人失望。

生：我不这么看，表面上他的弟子们是两手空空，实际上却收获多多。

师："有失必有得"，表面上他们没有得到麦穗，实际上他们却收获了深刻的人生道理。

生：从课文中也能看出苏格拉底的弟子们有些太听话了，不敢怀疑老师，盲目行动，最后落得两手空空。

师：这个问题，我课前也没有想到。你不迷信书本，不迷信权威，有自己的见解，的确了不起！

……

第一轮的"默读批注"虽显现了学生的"个性"和"自主"，但如果只是"到此一游"后"背起行囊回家"，教学就会如同蜻蜓点水般浅尝辄止。为避免这种情况，孙老师以"大学者苏格拉底教育学生有什么独到之处，他的弟子如此学习对你有什么启发？这一问题切入，为学生展开"回马枪"式的二度"攻势"吹响了号角，真是妙"问"生花啊！

应当说，作为"新生事物"的对话式课堂，极易出现"平面推移"多而"纵深开掘"少的情况。孙老师深知这一点，他始终不忘自己"平等中的首席"的职责，在学生解读时出现视线不远、眼界不宽等情况时，看准时机巧拨妙点，为学生的纵深探究作了"定位"和"导航"，引导其再进行了一番"多角度、有创意"的快意纵横，也让课堂"风云再起"！

综观全课，在精读研磨阶段，孙老师让学生以默读精思、圈点批注等虽不"中看"却颇"中用"的手法直面文本、切入语境。而在回读鉴赏阶段，则更有见机行事的敏锐"课感"，以精巧的点拨引领其在"二次攻势"后又占据"新高地"。踏上"新大陆"。这样一来，学生的感悟就更加立体、多元和广角。整堂课，学生既凭自己的"静思默想"和文本"相近"，又借教师的"精准导航"与文本"相亲"，课堂也就真正出现了"追寻魔力的对话"

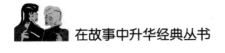

八、舒展灵性，口表我意

课堂是学生舒展灵性的空间。课程实施中的自由是指学生自主而非强制地学习的一种状态。它可以分为内在自由与人身自由。人身自由，指在课程运行过程中教师允许学生随意走动，相互交谈，学生可以选择想做的事，能够按照他们的意愿参与课程实践；内在自由指学生智力上、情感上和心灵上的自由。创设安全自由的心理环境就必须既有人身自由，更要有内在自由。内在自由是精神的自由，精神的自由就是心理的自由，就是思维与想象的自由。教学中只给学生时间和空间的自由仅仅是形式的自由，是绝对不够的，还必须能真正保证学生舒展灵性，畅所欲言，我口说我心，我口表我意。

下面是一位语文老师教学《天鹅的故事》一文的片段。

师：（出示课文最后一段话，学生先默读，在文中标出自己想问的问题）读到这里，你有什么问题想问斯杰潘老人？

生：你离天鹅这么近，为什么没有开枪，却把枪挂在肩头走了？

生：你为什么悄悄地离开了？

生：斯杰潘老人为什么把枪一直挂在墙上，再也没有动过？

生：老人说到这里为什么停住了？

师：你往下再读一句话，这个问题可以提得更深刻些。

生：老人为什么深情地说？

师：这个问题就有价值了！

生：课文中老人赞叹天鹅是勇敢的鸟儿，为什么却说是"多么可爱的鸟儿"？

师：同学们提出的问题都很有价值。哪个问题最重要，是核心问题？

生：斯杰潘老人为什么把枪挂在肩头，而且一直挂在墙上？

师：好！我们就来思考这个问题。请你再仔细读一读课文，深入地想一想。然后写下来，看谁思考得深刻。

（学生潜心思考、书写答案，然后进行交流）

生：老人从天鹅破冰中看到了它们的勇敢，有着团结合作的精神，心里很受感动。心想，我们人类也不一定会有这样的精神。所以，他放弃了打猎。

师：勇敢、团结的精神感动了他。概括得好！

生：斯杰潘老人看到小动物生存这么不容易，人类还要伤害它们，觉得太残忍了。要知道，动物是人类的朋友啊！我们应该保护它们才对啊！

师：保护野生动物！你将来做环保局局长挺称职！（生笑）

生：他体会到生命是很重要的。不仅是天鹅珍惜生命，许许多多的动物，包括人，都那样珍惜生命。它们为了生存，可以做任何危险的事情。

师：所有的动物都会本能地珍爱着自己的生命，你说得太深刻了，像个哲学家！

生：老人看到了天鹅破冰的动人一幕，有感而发，天鹅为了求生，奋力破冰。不仅仅是天鹅，所有的动物都是一样的，遇到困境都会不顾自己的安危去帮同伴寻找求生之路。

师：动物为了求生，在关键时刻会爆发出令我们人类惊叹的力量。写得多好！

生：老人知道了动物也有爱心的，也会团结互助。如果我们不再伤害动物，不再乱砍树木，不再破坏大自然，那该多么美好啊！所以，他把猎枪挂在墙上，每次看到时就给自己一个警告。

师：三个"不再"排列得多整齐！给人以警醒！

师：老师读完课文，是怎么思考的呢？这里有四个答案，你们猜猜看，哪一个是薛老师写的。（1）斯杰潘老人认为天鹅是一群可爱的鸟儿，不能打，人类应该自觉保护野生动物，保护环境；（2）老天鹅不惜用自己的身体为天鹅群打开生存之门的壮举，深深地感动了斯杰潘老人，使他不忍心伤害它们；（3）斯杰潘老人看到了天鹅在生死关头表现的无比英勇和团结，具有人类一样的精神和品格，内心受到很大的震撼；（4）斯杰潘老人从天鹅在危难时表现出来的壮举中，感受到了天鹅那样的鸟儿也闪现出生命的光辉，闪现出生命的美，为自己曾经伤害过它们而感到惭愧、自责，从此放弃了猎枪。

从教师的角度看，教师该如何与学生进行沟通，这是新课程实施过程中的重要问题，薛老师的这个教学片段为我们提供了一个很好的范例，教师能否从学生的立场看问题并理解其看法，在对话中达成共识和行动方案，这是教师学会并运用好沟通的关键所在。在新课程中，师生之间要通过心灵的对接、意见的交换、思想的碰撞、合作的探讨，实现知识的共同拥有和个性的全面发展。在新课堂中教师不再是唯一的主角，学生不再是被动的接受者，学生有其自主性和独立性，教师应以一个参与者、促进者的身份参与到学生的学习活动中去，引导学生质疑、调查、探究。

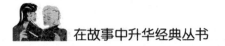

九、直抒心灵，敢说真话

要保证学生直抒心灵，敢说真话，必须发扬民主。教师要在课堂上着力营造民主、平等、和谐的教学氛围，用自己的爱心和热情去感染学生、激励学生，使学生在课堂上能无拘无束地表达自己的思想、表露自己的情绪、表现自己的才干。甚至教师必须放低姿态，做出表率，敢于承认自己的不足。在上课的时候，如有学生突然提问，这个问题是你所不知道的，这时候你怎么办？一位老师这么说："这个问题我们课内暂不讨论，下课后我们单独对这个问题探讨一番。"下课后，教师去查阅资料，然后回答学生。一位老师说："这个问题我先不回答，先请其他同学来说说看。"回答对象一换，于是从学生众说纷纭中，教师整理出一个得体的回答。

真的很美吗？——《荷花村》（上海 S 版语文教材第二册）

1. 教学揭题。

2. 教学情景。（实物投影仪出示荷花图，由于光线的原因，图片看上去没有一点美感）

师：大家看，这荷花怎么样？

生齐答：很美。

师：有个地方叫荷花村，大家想去看看吗？（实物投影仪出示第二幅图，比第一幅更糟，只能看到一块块的淡红和淡绿，像一幅不太美的地图）

师：这就是荷花村。

生惊呼：哇，真美呀！

师：小朋友们想去吗？

生：想去。

面对两幅并没有美感的画，孩子们居然都回答：很美，太美了，而且表情十分夸张，投入。我们不能不反思：是我们的孩子感情丰富吗？是我们的孩子懂得欣赏，真的感受到了荷花美吗？不，这是因为孩子们在老师们的长期熏陶下，学会了揣摩教师的心理，学会了如何迎合教师，他们知道此时教师希望听到同学们说荷花和荷花村是美的。这就是教师在维护自己神圣和绝对正确的形象下酿成的恶果。

沟通是人际交往的基本形式，叶澜教授认为："教育源于人类的交往活动。""教学——这是交往的特殊变体。"因此，教学中的沟通是一种特殊的社会现象，在某种意义上，教学的本质就是一系列的沟通。新课程就是以师生之间、生生之间的沟通为基础，没有沟通就没有课堂中的主体，没有沟通就没有教学，没有沟通就没有学生的发展。

学校教育的目的就在于促进学生的学习和发展。尊重学生的主体性是学校教育的出发点和归宿。教师必须以"平等中的首席"的姿态，从注重教到注重学，改变学生被动学习的局面，唤醒学生的自我意识，培育自我精神，挖掘自我发现的潜能，提高他们自我构建的能力。

十、道德至上，自尊自信

如果你的同桌考 60 分，你考 70 分，你对他是什么态度？这绝对就是道德问题。你因为觉得我的知识比他多，你感到有一种责任要帮助他。反过来，我考了 60 分，你考了 80 分，我觉得你比我棒，我应该向你学习，我赞赏你。这就是最核心的道德问题。

有一个母亲拿着一根木棍子在抽孩子的屁股。怎么回事？看了孩子的考卷，考了 97.5 分。教师在考卷上面写了三个字：掉队了！因为这次绝大多数同学都考得高于 97.5 分，所以这孩子就吃木头棍了。如果绝大多数同学考得比 97.5 分低，那么这个孩子不是吃木棍子，而是吃麦当劳了。

这样的教学使我们的孩子从小就形成这样的观念，你优我低，同桌成功了，我是失败了。同学的失败就意味着我的成功。我们经常这样教学生：你看看，人家考了多少分！一定要与同学形成对立面。笔者认为这就是最核心的道德问题，也是影响师生沟通的最根本的原因。

丑小鸭的母亲是谁

大家正在学习《丑小鸭》这篇课文。当教师要求学生仿照《幼儿成长手册》为"丑小鸭"设计一份"成长记录表"时，同学们为"丑小鸭"的母亲究竟是谁产生了争议。这时，有一位同学站起来说：

"我认为这只丑小鸭和某某同学一样，既有生母，又有养母。鸭妈妈是丑小鸭的养母，白天鹅才是它的生母。"

当其他同学都表示赞同时，某某同学却低头不语，他正在为自己失去亲生母亲而伤心。此时，教师走到了他的身边，并抚摸着他的头向全班同学说：

"大家都很关心某某同学，你们觉得他现在的处境同丑小鸭一样吗？"

同学们纷纷表示自己的意见：

"不一样！丑小鸭因为谁也不喜欢它，才离家出走，而且出走后遭遇到很多不幸。某某同学有着温暖的家，爸爸、妈妈都待他很好，哥哥也很关心他。"

　　"同学们也都喜欢他，大家都同他友好相处在一起。"

　　教师顺势收尾："那我们就希望某某同学努力学习，长大了成为人见人爱的——"

　　学生齐声接道："白天鹅！"

　　此时，某某同学破涕为笑，课堂学习气氛更加和谐融洽。

　　在上述案例中，学生对"丑小鸭母亲是准"的理解在认知上是正确的，却在无意中伤害了其他同学。在这种情况下，教师既不能无端地指责发言者，这样会在纠正"伤害"的同时，造成新的伤害；也不能对这种伤害听之任之，否则，将有可能导致受害者出现心理问题。对此，这位教师顺水推舟，沿着学生的认知思路，从人文关爱角度去牵引、梳理的策略，值得赞赏。

教师教学艺术形成的要素

一、教师教学艺术的形成有赖于教师积极对待教学及学生的情感态度

一方面，教师是教学"活"的情感源泉，是教学能够愉快有效进行的情感动力。没有情感，教学活动就会变得沉闷单调、枯燥乏味，课堂生活就显得麻木不仁、冷漠消沉，当然也就谈不上学生的情感体验和教师的情感享受。爱因斯坦说过：我们体验到的一种最美好、最深刻的情感，就是探索奥秘的情感，谁缺乏这种情感，他就丧失了在心灵神圣的颤栗中如痴如醉的能力。是的，在人的心灵深处，都有一种根深蒂固的需要，这就是探索、发现和研究的需要，而这要求教师情感的投入。教师正是以积极的情感态度表达了自己对教学的认识和感受：这是他所推崇的教学信念的投射，是他所把持的审美态度的流露，是他所倡导的生活价值的体现，是他所恪守的教学惯例的驱动。其间蕴涵着他的眼界、他的胸襟、他的意愿、他的理想。而且，他还把这种理解与感受传达给学生，使学生懂得人类情感的弥足珍贵和充实人生的审美价值。于是，教师本身的涵养、个人的旨趣、审美的品位、事理的感悟等也都不言而喻、尽在其中了。另一方面，教师是学生情感的感染者。"教师的情感对于儿童来说，是导体，是火种。教师要善于将自己对教材的感受及情感体验传导给学生"。这就要求教师要爱学生，教师最大的快乐就是如陶行知先生所说的那样，"创造出值得自己崇拜的学生"，教师的成功就在于让更多的学生超过自己。

二、教师教学艺术的形成还有赖于教师对教学内容及方法的研究把握

教师通过思考、研读、分析教学内容，将原本枯燥乏味的教学内容活化起来，以鲜活感人的声音、色彩、造型、节奏、形状、线条、韵律、构图等给人以悦耳悦目的享受，并以感性的方式传达深奥的道理，使其易于为学生所理解和接受，从而架起学生智慧发展的阶梯；同时以学生原有的经验作为

学习的基础，在"书本世界"与"生活世界"之间搭起一座学习的桥梁。这样，原先陌生的、外在于学生的"书本世界"就成为学生熟悉的、浸染于其中的"生活世界"，学生从中不仅体验到自己所经历过的事件，而且攀着智慧的阶梯、从经验的联系中把握更深的知识和道理；那些以往对于学生来说似乎是模模糊糊、懵懵懂懂、遥远而不可及的事物却顷刻间在学生眼前展现出来，学生在方寸之间乘上"飞毯"，领略世界各地乃至宇宙银河的迤逦风情，在顷刻之时穿越时间隧道，感受人类祖先甚至上古时代的洪荒混沌。于是，教师的教学内容与教学方法有机结合起来，形成一种天造地合、水乳交融的和谐，学生从中获得极大的享受；而当下的每一个场景都成为学生激情动魄的体验和终身难忘的经历，成为学生积极的生命流程中温暖的驿站。显然，这需要教师付出许多的心血和努力。教师必"博采而有所通，力索而有所入"，只有肯于锲而不舍，才有豁尔顿通之乐，也才会达到教学风格的自由状态。

三、教师教学艺术的形成还有赖于教师对自身专业发展的设计与追求

它要求教师具有一种超越于世俗对教师"教书匠"认识的偏见，具有一种善于从平凡单调的职业活动中发现美好事物的敏感，具有一种对自己作为教师职业素质的正确认识和有效驾驭，具有一种不安现状挑战自我的决心和勇气。当教师把自己看成是教学活动的反思者和研究者时，他就会时时关注着学科发展的动态，处处搜集着教学反馈的信息，并高屋建瓴地进行研究，于是，教学与研究就成为他职业生命的两条腿，反思与研究也成为他的一种专业的生活方式，成为他职业发展的内在需要；当教师以终身学习作为自身生涯的推动力时，他就会把自我的发展与职业的要求结合起来，把教学的成功与持续不断的学习结合起来，以昂扬的生气、精益求精的态度、学而不厌的精神超越自己，于是，他的职业发展呈现出更强的主动性和自觉性，他的职业生涯也焕发出更加旺盛的生命活力；当教师把自己的职业视为不仅给予也在收获的有意义活动时，他就会心甘情愿投入其中并不断从中收获着绵延的快乐和自我发展的幸福。于是，他的自我价值在服务社会的创造性活动中得以体现，他的个人理想融入到社会的进步当中。这是一种灵魂的融合，精神的相遇，生命的敞亮，存在的澄明。

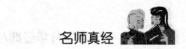

教师教学艺术形成的阶段

综观许多特级教师的成长之路，我们发现，教师的教学风格大体上经过了这样一个路径：独自模仿——独立探索——形成雏形——走向成熟。在这四个阶段中，教师由蹒跚学步的模仿者，到丢开拐棍的探索者，再到初步成型的合格者，走向自成体系的教育家。这是漫长的过程，但又是成长、成熟的过程，也是收获快乐、享受升华的过程。

在独自模仿阶段，教师主要是以"徒弟"或"新手"的身份出现的。许多学校都为新老师配备了经验丰富的老教师作为"师傅"，以言传身教的方式帮助新老师尽快熟悉教育规律和教学要求。"师傅"要负责"徒弟"教案的审核、班级管理的掌握、各项学校事务的了解以及疑难问题的解惑等。"徒弟"则要虚心向"师傅"学习，多听"师傅"的授课，从中学习上课的技巧、管理班级的窍门、处理偶发事件的办法等。许多新老师就是在老教师"扶一把"的培养中逐渐成长起来的，而老教师也通过这种方式将自己多年积淀的宝贵教学经验及教训传授给了"徒弟"。从教师发展来说，模仿是必经的阶段，"'摹体以定习'，只有经过一定时间的教学模仿，新教师才能逐渐熟悉教学过程，掌握教学的一些基本要求与方式方法，适应教学过程"。而模仿本身又使新教师的教学呈现出一种稚嫩青涩、不甚和谐、拼盘杂烩的色彩。

在独立探索阶段，教师主要是独立开展教学工作的。在经过模仿、熟悉和适应的阶段之后，教师已能摆脱对前人做法、他人经验、教参资料、固有方式的依赖，而开始根据自己对教学对象、教学内容、教学方法、自身优势的理解与认识设计自己的教学。他开始对以往深信不疑的理论或经验进行反思，开始思考自己的特点与定位，开始规划自我发展的目标与追求。在这一过程中，他会对过去习焉不察的行为进行理性的分析，会对已经深谙于心的教学程序进行大胆的变革，会对曾经忽略的细节投以关注，会对他人的教学进行评价。可能他的教学变革会遭遇"滑铁卢"，他的教学反思会令自己难堪内疚，他对细节的关注会消耗更多的精力，他的评课说课会面临观念的冲击……而且，他的教学还不稳定不成熟，常常处于摇摆飘荡之中，他还未能确立自己的教学个性。然而，最重要的是，他在思考、在探索、在研究、在进步，这就是教学风格阶段中教师独立探索的意义。

在形成雏形阶段，教师是以教学风格的初步成型为特征的。经过长期的探索与实践，教师的教学活动已达到一定的艺术水平：他的课堂出现了激情与活力，他的班级出现了蓬勃与朝气，他的讲课具有显著个性，他的教学具有独特韵味。学生喜欢他，家长欢迎他，学校器重他，而他自身也从教学的成功中感受到教学的乐趣和教师的愉悦，他对自己的专业发展也充满了信心。这时，教师就已经不止是用书本上的知识去教育学生，更是用自己对人生的体验、用自己对事理的洞见、用自己饱满的激情、用自己活跃的灵魂在从事教育。尽管他的教学风格还只是雏形，还站不稳，还不连贯，但是，他已经朝着教育家的理想目标又迈进了一步。

在走向成熟阶段，教师的教学艺术呈现出稳定一贯的特征。由于教师对教学的自觉研究，使他在领会教学内容时能钻深钻透、入木三分，挖掘出其中的精髓内涵，又站在一个更高的视角上回眸深思，在此基础上，教师的讲课才能"发人之所未发"，"见人之所未见"，一针见血、一语破的、一点就明、一触即通。正可谓"居高"才能"临下"，"深人"才能"浅出"。而教师在上课时旁征博引，信手拈来，画龙点睛，妙趣横生；师生在课堂上谈论古今，纵横东西，左右逢源，上下贯通；教师的教学令学生茅塞顿开，豁然开朗，流连忘返，欲罢不能……这就使教师的教学达到了成熟迷人的境界。教师以稳定一贯的教学风格显示出自己在教学实践中所达到的自由状态，反映了教师对自我的一种认识。它表明：教师经过长期的教育实践和探索后，终于找到了适合自己个性特征和审美要求的一整套方法体系。

教师教学艺术形成的方法

一、向名师学习

向名师学习什么呢？首先要学习名师的学习精神。没有平素的学习，就没有今朝的厚积薄发。当我们在课堂上看到名师游刃有余地调控着课堂，收放自如地引领着学生的时候，可知名师曾学习，学习，再学习。名师的行为印证了这样的一句话："每堂课，我都用我的一生来备。"

学习名师的教育思想和个性修养。他们所代表的先进的教学理论及对教育所必备的激情是值得学习的，他们的成长之路也值得研究、借鉴。激情是教师的灵魂，只有热爱教育，才会拥有激情，激情是点燃孩子心灵的火炬。名师的精彩不在于课堂有多么完美，而在于平常之处显示智慧，在于鲜明的个性化追求，在于全身心的投入，在于渗透在细节中的理念。

二、做终身学习的典范

终身学习在今天已不再是口号，而是现实向每一位教师提出的要求。几乎所有的名师都是终身学习的实践者，这也是他们成功的关键因素之一。终身学习的方式有很多种，不只是继续教育。平时的阅读是学习，听课、评课是学习，坚持反思与总结也是学习，"深入"才能"浅出"。而教师在上课时旁征博引，信手拈来，画龙点睛，妙趣横生；师生在课堂上谈论古今，纵横东西，左右逢源，上下贯通；教师的教学令学生茅塞顿开，豁然开朗，流连忘返，欲罢不能……这就使教师的教学达到了成熟迷人的境界。教师以稳定一贯的教学风格显示出自己在教学实践中所达到的自由状态，反映了教师对自我的一种认识。它表明：教师经过长期的教育实践和探索后，终于找到了适合自己个性特征和审美要求的一整套方法体系。

特级教师张老师在29年前初为人师的时候，是一个高中毕业生，而且是在"文革"当中的高中毕业生，用他自己的话说就是一个准文盲。"文革"结束以后，他已不被学生接受，学生公开对他表示不满。当时他的父亲已经去世，母亲重病卧床，妹妹被怀疑为败血症，他是家里唯一的顶梁柱，不但要养活母亲和妹妹，还必须承担所有的家务，所以他不能考大学，他选择了自考。5年之中，除了照顾家人和做家务，所有的业余时间，他都是在北大的图书馆里度过的。他用5年的时间拿下了本科学历。如果不坚持学习，怎会有今天的成就呢！

三、参加教科研

要形成自己的教学艺术，不能只埋头苦干，更要学习掌握教育规律，提高教育理论水平，只有这样，教师的工作才会事半功倍；还要及时了解国内外教改信息，只有这样，才能紧跟时代的步伐。作为一个教师，要想站在教改的前列，没有理论思维是不可想象的。因此，参加教科研可以说是形成自己的教学艺术的必由之路。

教师不但是研究者，也是实践者。因此，教师参加教科研不同于专业的理论工作者，应该注重解决实际问题和应用。教师的科研选题应该从自己熟悉的领域出发，以行动研究、案例研究为主，包括经验提炼、有价值的实验报告、有创意和效果好的教育教学活动设计等等。至于发表论文，那只是水到渠成的事情，而不是教师参加教科研的最终目的。但是，写论文是教师提高自己的一种重要的手段。

四、要有实践的勇气

名师都是在实践中成长起来的，名师不能脱离教学一线，即使在他们成名之后。

实践是最难的一个环节，教育具有很强的实践性，再好的理论、观念也不可能适应所有的学生，都会遇到这样那样的问题。这也就是为什么会出现"轰轰烈烈地搞素质教育，扎扎实实地搞应试教育"的原因。

现在大的教育环境或者说学校的环境，还不能给新的教学理念提供适宜的成长土壤，我们也常常听到一些老师抱怨："我也是没办法啊！"其实不然。

特级教师赵老师，当年只是吉林某中学一名普通的语文老师，兼任班主任，和其他教师一样，为了升学率而带领学生在题海中挣扎。虽然高考的成绩也不错，但是他觉得这样训练出来的学生只会考试，没有学会如何去生活和体味生活。于是他尝试改革，让学生利用更多的时间接触社会。让学生真正走出学校也许太难，于是他选择了电视，带领学生看中央电视台新闻频道的节目，然后让学生针对其中的事件发表自己的看法，写成作文。因为有了真实的故事做背景，这样写出来的作文自然是学生真情实感的流露，哪怕语

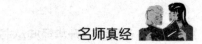

言并不美。当时他的做法遭到了同事和领导的质疑，有"不务正业"之嫌。但是他觉得学生这样多接触社会，多了解社会，才能用真情去写作，这样的语文课才能引起学生们的兴趣。结果，他成功了。学生学到了考试以外的东西，他所教的班的升学率不降反升。对于优秀教师来讲，素质教育和分数不是对立的，这样的例子数不胜数。

将理论落实到实践不仅需要智慧和汗水，更需要勇气。

既然我们已投身于教育，想必，我们不愿意成为一个平庸的教师，成为教育教学中的佼佼者是我们的目标，那么，不妨从身边的名师身上学起。也许不久的将来，你也能走出自己生命的灿烂轨迹，真正在课堂上演绎出那份精彩来。

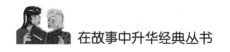
教师教学艺术形成的进程

一、讲课的技巧

在课堂上教师要把握住这四个方面"注意力，兴趣，愿望，姿势"。

1. 注意力

（1）在开始讲课之前，花几分钟时间让学生定下心来。

（2）尽量让学生知道你讲课的内容、时间，以及所讲内容跟学生的关系。可把讲课要点先提示一下，使学生即使遗漏一点，思路也能跟上讲课进度。

（3）用一个故事、例子开始讲课，对吸引学生的注意力关系极大。

2. 兴趣

（1）要使课文适应你的学生，讲课前要对学生的情况作一番分析，使所讲的内容能引起学生的兴趣，并使他们能够理解，不要讲深奥的，不能理解的知识。

（2）不要把你所掌握的知识全部灌给学生。

（3）最好把讲课内容中的要点讲深讲透，不要把所有的问题都讲得很细。讲课的内容集中，学生才感兴趣。

（4）采用多种讲课方式激发学生的兴趣（多搜集些例子，图片，数据，故事有助于提高兴趣）

①不要只顾着向学生讲课，要适时地向学生提问题。

②不要总是站在一个位置上讲课，要适当地在教室内走动。

③运用直观教具。有些学生愿意看一堂课，不愿意听一堂课。

④要运用电教手段进行教学。

⑤要恰当运用幽默。

3. 愿望

要有上好课的愿望，要让学生对你所讲的内容信心十足，这就需要你对所传授的知识很有把握。

4. 姿势

（1）要显得有信心，讲得有条不紊。

（2）目光要始终盯住学生，使师生感情融为一体。

（3）要在学生面前走动，但又不要做出分散学生注意力的动作。

（4）动作要自然，不做作。

（5）要大方，能应付课堂上可能发生的一切。

二、教学的艺术

（1）建立课堂教学常规秩序，培养学生自制力。

这是建立有效的教学艺术的前提，也是课堂教学艺术能否得到贯彻实施的关键。另一方面也能培养学生的自制力。

（2）明确学习目的和要求。

当教师在组织课堂教学或实施课堂教学时，还应该明确告诉学生本课的学习目的和要求。

（3）创造有利于学生集中注意力的情境。

教师要抓住一切时机，在组织教学中创造情境，以使课堂教学得以真正的贯彻实施。

（4）语言、声调、动作、表情也是教师组织教学的重要手段。

教师在组织教学中特别要注意用自己的肢体语言、声音、表情来传达课本的信息，传达自己的感情。

（5）激发学习兴趣和求知欲望。

我们不管在教什么课，都需要时时告诫自己，我们这样做的另一个目的还在于能否激发学生的学习兴趣和学生强烈的求知欲。

（6）劳逸适度，保持学生旺盛精力。

所谓劳逸适度，就是我们在教学中不要满堂灌，不要不停地说，而需要有一个适当的停顿，以保持学生旺盛的精力。

（7）妥善处理课上偶发事件。

在课堂教学中，任何的突发或偶发事件都会影响到整堂课，所以教师要善于处理，有应对能力和措施。

三、抓教学重点

首先，确定重点。

教师首要做的是钻研教材，对教材掌握了，然后再考虑学生实际情况，才能确定教学重点。

那么如何判断什么是教材的重点呢?

(1) 基本概念。

教师要知道本课或本单元需要学生掌握的基本概念是什么。

(2) 基本理论。

要把什么传授给学生,哪些是学生难掌握的,哪些是学生必须掌握的基本理论。

(3) 基本方法。

在传授的过程中,要通过什么途径,在什么时候,用什么方法传授给学生。传授的基本方法,学生通过什么样的方式可以掌握,可以熟练。

其次,突出重点。

在钻研教材之后,教师还要考虑到在课堂中如何突出本课或本单元的重点。

(1) 指出重点问题的重要意义,引起学生重视。

(2) 先做准备,要重点讲透。

(3) 讲时,要激发学生兴趣。

(4) 语言生动。

(5) 重点问题要及时强化。

四、教学中如何解决难点

首先,知识抽象,对于理解的难点。

(1) 要联系实际生活。

(2) 运用直观教具。

(3) 参观或现场教学。

其次,因缺乏基础知识,难以理解的。

要运用复习旧的知识,从而引发新的知识。

再次,因学生对新知识过于生疏,造成难点。

可以通过生活中的类比推理的方法来进行教学。

其他,化大难点为小难点,各个击破。

对于一课或一个单元的重点、难点较多的,可以通过分解的方法进行教学。

五、复习旧课,导入新课

我们都知道,所有新的知识都是建立在旧的知识基础之上的。所以当教师在导入新的知识的时候，通常的做法都是从旧的知识入手。特别是在教学低年级的时候，教师一般都是从拼音、生字、新词开始的。这样做的好处有许多，可以帮助学生建立新旧知识的衔接，从而加以扩展。

复习旧课，还可以帮助教师检查学生对旧的知识掌握的程度，可以帮助教师从另一个层面考虑是否应该在新授课时继续强调旧的知识点。

所以在教学新课时，特别教学新的知识点的时候，一般都要从以下几方面入手：

（1）从总结旧课入手。

任何学科，都需要总结旧的知识，导入到新课。

（2）从检查提问旧课入手。

检查的方法有多种。可以从有感情朗读、背诵入手，可以从旧知识理解程度上进行提问等入手。

（3）通过学生听、写、练等入手。

对于语文、英语课，是最常用的方法之一。

（4）向学生提问，引导回忆旧课。

提问的方法也有许多种。可以就课文的某一个重点或难点入手进行提问，可以就课文的某一句话进行提问，也可以从整篇课文入手进行提问等。

它同样适用于英语、语文等课程。

六、课堂教学的"多向通话"

现在的许多教学主张利用课堂进行教师与学生之间的沟通，这种沟通就是通常我们所说的对话。

而"多向通话"是指提问与对话。让学生提问，可以是教师进行回答，也可以是学生回答。所以这种通话方式既可以是学生间的对话，也可以是学生与教师之间的对话。

这种教学方法通常适用于：

（1）讲解新概念，辨析易混知识及复习课等。

（2）为新课创设情境，有利于新课的教学。

（3）在教学中教师要善于抓住时机，引导讨论，引向深入。

（4）要有结论。

1. 学习动机培养与激发

如何让学生养成愿学、乐学，是所有教师都要面对的。一些学生不愿意

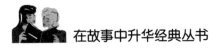

学，有很大一部分原因在于教师在教学中所使用的语言，特别是对学生的态度上的不当。所以不断加强自身的业务能力，提高自己的专业水平，这不仅是年轻教师所要面对的，更是老教师所要面对的。那么，怎样才能培养学生的学习动机呢？

（1）加强目的教育从而激发热情。

（2）阐述知识的意义和价值从而激求知欲。

（3）创设情境，激发兴趣。

（4）适当竞赛，激发动力（竞赛消极影响：使学习迟缓的人丧失信心，对知道自己不需要努力就能成功的人缺乏激励，对有些人产生过分的压力，鼓励不合作者或对他人不关心）

（5）善于运用反馈原理，不断地强化学生的学习动机。

2. 激发儿童积极性的几点因素

陶行知先生说："教是为了不教"。我们教育学生，教给他们活化知识，其真正的目的就在于能让学生自觉自愿地学习。

培养学生自觉学习有如下几方面的共性：

（1）兴趣和求知欲。

引导学生和培养学生对学习的兴趣和强烈的求知欲。

（2）成功感和自强感。

任何一个成功的人，都是在小时候就被有意识地培养起成功感和自强感。

（3）明确的学习目标，较强的学习意识。

教育学生从小树立明确的学习目标，使他们从小形成较强的学习意识，是教师的职责。

（4）适时地表扬，培养对学习的愿望。

不断地鼓励和有意识地表扬学生，是培养学生对学习的积极性的有效途径。

（5）周围伙伴的因素。

一个良好的学习和生活环境，对学生的成长有巨大的影响作用。

（6）良好的精神状态和身体条件。

这是做好任何一件事的前提之一。

3. 十点因素

（1）树立学习的信念，坚定的信念有助于学习。

（2）学习要有的放矢，即学习要有针对性。

（3）要有合理的学习计划。

计划的规定有助于规范孩子的学习态度与方法。

（4）要正确对待失败。

教师要有意识地使学生养成这样一个意识：考好一次只是一个暂时的，失败一次也只是一个暂时的。

（5）要相信自己的能力。

教育学生，使他们意识到每个成功者都是非常自信的。

（6）要看到进步。

让学生学会纵向看，看到自己的长处。这是因为每个人都是进步的。

（7）要掌握最佳学习方法。

一个好的方法有助于学习的成功。

（8）惩罚要适度。

过分的惩罚只会失去信心。

（9）正确利用孩子的朋友关系。

用孩子周围的人来影响孩子的学习。

（10）要尊重孩子的自主性。

要相信学生。

总之，教师的教学艺术不是一朝一夕偶然形成的，而是教师富有独创性的通过较长时期劳动的结果，凝聚着教师的理想和教学艺术的实践。但是，教学艺术也有一个产生和形成的过程，有一个发展和变化的过程，并不是凝固的或静态的。教师从开始教学，到逐渐成熟，最后形成独特的教学风格，是一个艰苦而长期的教学艺术实践过程。教师只有在教学的过程中用心思考，付诸于不断的教学实践和革新中，才有可能最后形成自己独特的教学艺术。

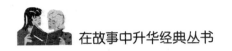

营造和谐的师生关系

一、理解师生关系平等

一个真正把爱倾注在教育事业上的教师，不仅能做到热爱学生，尊重学生的人格，而且能够做到把自己和学生放在完全平等的位置上，以培养学生的民主精神。

这是一种新型的师生关系，一种有利于学生个性发展、有利于培养学生创造性、能有效地实施素质教育的师生关系。具体说，师生之间的关系是民主平等、彼此理解、相互尊重、相互信任、心灵相通、互相学习、共同促进的一种关系。只有这样，才能培养社会发展所需求的新型人才。

建立民主平等的师生关系是时代的需要。在信息发达的现代社会，学生们获取信息的渠道远远不只是学校的课堂，电视、电脑网络等媒体已经把世界变成了一个地球村。特别是学生接受事物快，学生的知识都由教师传授吗？不见得！在很多方面都有一个教师向学生学习的问题。

教师以陈旧的观念来教育已经接触现代思想的学生不产生矛盾才怪呢！解决这个问题的方法，一是教师要加强学习，尽可能跟上时代的步伐，还有一个最有效的办法就是建立民主平等的师生关系。在教与学、教育者与被教育者的互动中促进师生关系的发展。这种关系的形成关键还在教师。

师生关系是否和谐融洽，直接影响着教育效果。学生喜欢并佩服老师，就会喜欢你所教的学科；学生热爱并尊敬老师，就会信服你讲的道理。

师生关系融洽，教师会千方百计营造一种和谐宽松的课堂氛围，使学生在愉快的心理环境中获取知识、增长能力。师生关系融洽，学生愿意接近教师，也愿意把自己的想法告诉教师，这样便于教师了解学生，从而有的放矢地进行工作。教师在做工作时，很希望把自己的所爱所恨以及知识的火花移植到学生的心里去，这不仅需要热情和坚韧不拔的精神，更需要师生之间心灵的沟通。师生之间心心相印，师生之间情感的纽带就变成了一座智慧的桥梁，沿着它把学生带进一个高尚的丰富多彩的充满阳光的世界。师生关系平等，学生就敢于提出疑问，敢于发表不同的意见，也有兴趣和老师一起探讨新的问题，产生创新思维的火花。

建立民主平等的师生关系是实施德育的保证。融洽的师生关系能够使学生信服老师的教导，老师能够从学生的心灵深处播下真善美的种子，这会影响学生的一生。

师生关系平等的教师可以从自己学生身上汲取新鲜的活力和营养。实际上，在建立民主平等的师生关系的同时，也培养了学生的民主意识。由于教师对学生的尊重，由于教师为学生的成长创造了一个宽松的环境，学生的健全人格得到了充分的培养，使他们能够也敢于坚持真理和维护自己的合法权益。也使他们养成从小就能够倾听别人意见、发扬民主作风的好习惯。总之，师生关系融洽是进行教育教学工作的前提和基础。

二、如何理解"身教重于言传"

教师错了，也要做自我批评，"有错就改"是师生共同遵循的准则。学生有错误要虚心接受老师和同学们的批评，教师有错也不能例外。这样做，大家都是在向真理靠拢，这对学生的一生都有好处。

有这样一个故事，有一天，全班学生中午都在学校吃饭。有位老师的菜实在吃不下去了，就把菜倒进了垃圾桶。这一举动恰巧被一个学生看到了，对方说："老师，您……"

这位老师马上说："是的，我做错事了。"

"那是不是也应该……做自我批评？"那个学生鼓足勇气说。

"好的，应该的。谢谢你。"

午休过后，同学们都进了教室，那位教师走上讲台，不好意思地说："同学们，听我做一下自我批评。今天中午，我倒菜了，平时要求同学不要浪费，今天我倒违犯了纪律，谢谢××同学指出我的过失，我错了，今后我一定改正，希望大家监督我。"

教师这样尊重学生的意见，换来的是学生们更多的信任，丝毫不会有损教师的威信。

三、哪些话不宜对学生讲

当学生学习成绩不好时，说他"你真笨！""傻子！""你天生就不是学习的料！""你长大成不了才。""你纯属智障！""你们家怎么生你这么个废物！""你除了吃还会别的吗！"当学生犯了错误时，说他"你好不了啦！""这学生坏透了!""神经病!""缺心眼。""二百五。"当学生给集体丢了荣誉时,说他"成事不足,败事有余""一马勺坏一锅汤""你是害群之马!""你是个祸害。""这个班有你算倒霉了。"等等,这些话是教师的忌语。总之,凡是伤害学生自尊心的话都是老师的忌语。因为老师用以上这些话来"教育"学生,对他们的进步不会产生丝毫的效果,反而会使他们更加"反常",更加没有信心,更加自暴自弃,心理障碍更加严重。

如果一位教师不在乎对学生的伤害,以为学生是可以任意对待的,那他就是一个极不明智的教师。不管你在主观上多么尽心,对工作多么负责,多么勤勤恳恳,只能做一个教书匠,成不了教育家。

四、哪些话该常常对学生讲

"让每个学生都抬起头走路"是苏霍姆林斯基的一句教育名言。这句话形象地表达了他尊重每个学生,给每个孩子树立自信心的思想。说实在的,在应试教育思想束缚下的教师,不可能让每个学生都抬起头走路的。学习吃力的学生就很难抬起头来。实际上,每个学生能力是有差异的。当然,我们可以尽可能地调动每个学生的学习积极性,千方百计把他们的能力发挥到他可以达到的极限,但仍避免不了学生之间的差距,这是客观事实。对教师来说,关键问题是应该如何对待这样的学生。

一个学生学习成绩的好坏是多种原因造成的,有遗传因素,也有家庭环境的因素,还有我们是否做到因材施教等等多种因素。不能让学生背上"笨学生"这一沉重的精神负担,压得学生喘不过气来。学习成绩差的学生也应该有一个快乐的童年!学生因学习成绩不好,在亲戚朋友中也抬不起头来,这实际上对学生是一种精神上的摧残。其实,这样的学生假如心理健康,有一技之长,也同样可以为社会做出贡献。可怕的是我们把他们推向一个连他们自己都觉得是"一事无成"的境地。从而真的对自己的一切都失去了信心。我们应该让所有的学生都生活得愉快,让所有的学生都充满信心,积极向上,这样才算得上一个优秀的教师。

五、对学生暴跳如雷容易产生负作用

老师在课堂上声嘶力竭、暴跳如雷,低年级学生会觉得可怕,高年级学生会觉得可笑,客观上破坏了自己的教师形象。老师应该是文明行为的榜样,是高雅人格的典范,是学生模仿的偶像,声嘶力竭、暴跳如雷有失教师的尊严。即便学生犯了很大的错误,令人十分气愤,老师最好也不暴跳如雷,因

为这样非常容易说过头的话，做过头的事。还是冷静下来想一句有分量的话更好。

六、加强你的威信的方法

教师在学生心目中没有威信，就很难进行教育教学工作。那么，教师威信是怎样树立起来的呢？是自己的行为树立起来的。

树立教师的威信最重要的是以下几个方面：人品正，学生尊敬，家长敬重；业务精，学生佩服，家长认可；爱学生，学生爱你，家长放心。

人品正，就是要做到为人正直，对学生一视同仁，平等对待每一个学生，不把自己的好恶与得失强加给学生；业务精，就是要精通所教的学科，有比较渊博的知识，有灵活的教学方法，教学安排有一定的艺术性，能够调动起学生的学习积极性，学生爱上你的课，教学质量高；爱学生，对学生有一种诚恳亲切的态度，关心学生的成长，让学生能够感受到老师的爱，产生一种安全感。

七、"学习兴趣"比"高分"更重要

学生对学习产生兴趣，学习这件事就变成了乐事，而不是负担，因此学起来就主动和用心，分数早晚会提高；如果学生是被迫学习，即便考出了高分，也是暂时的，因为他的学习行为是被动的。

学生的学习兴趣是怎样来的？是从成功的体验中培养出来的！而学生的成就感又是如何获得的呢？是老师和家长鼓励，是同伴们的认可，是学生看到了自己的"成果"而来的，所以老师要为学生的成功创造条件，一定要让每个学生看到自己的成绩，不断体验成功的喜悦。老师要看到每个学生在学习的过程中所做出的努力，不断肯定学生做出的点滴"努力"，即便学生发言说得不正确，也不要批评。

八、如何教育学生遵守纪律

遵守纪律是遵纪守法的基础，是良好的行为习惯的重要内容，是培养规则意识的途径之一。纪律是一种规矩，没有规矩，不成方圆，没有纪律，将无法正常进行教育教学活动，纪律是各项活动的保证。我们国家的学校，大部分是几十个人的教学班，没有正常的秩序，无法进行教学活动。我们是社会主义国家，我们强调集体主义精神，一个班必须有严格的规章制度，有良好的行为习惯，有很强的规则意识，这是形成一个班集体的重要因素。

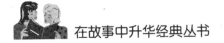

让学生感受被爱的温暖

一、如何理解"给特殊的学生以特殊的爱"

所谓特殊的学生，就是他的情况特殊，比如有生理、心理障碍的学生，学习特别吃力的学生，淘气的学生，单亲家庭的学生等等。

首先，我们得认识到，这些特殊情况的形成都是有原因的，这样的学生在人际交往与学习过程中几乎都存在比较严重的问题或者说困难。我们不能够嫌弃他们，要理解和同情他们，给他们以更多的爱，让他们也和其他学生一样有一个欢乐的童年。

老师对这些学生的态度是至关重要的。你关心他，同学们就会都关心他；你嫌弃他，大家都会瞧不起他。当然，这样的学生会给我们的工作带来一些麻烦，需要我们付出更多的时间和精力，但是想到他们的家庭，想到学生的未来，我们的付出是值得的。

二、注意发现学生的闪光点

一个班里总是有各方面都让老师不省心的学生，不遵守纪律，学习成绩也不理想，还总是和同学发生矛盾。老师每看到他又给班集体惹事时，总想说他"成事不足，败事有余"，似乎在这样的学生身上就找不到一点优点似的。不尽然！为了学生的进步，也为了给自己一点信心，必须用"显微镜"来寻找他身上的闪光点。肯定有，这是客观存在，课堂上找不到，课下找；学校找不到，家里找；今天找不到，明天接着找；你一个人找不到，发动全班同学一起找……一定能够找到！

如果你是真诚地热爱你的学生，从心眼里欣赏你的学生，你就会随时随地不断地发现学生身上迸发出的可爱的火花。从课堂上的教学活动中可以捕捉住他的创新思维和表达能力，从课间活动中可以发现他的与人为善、谦让精神和组织能力，从少先队活动中能够发现学生的特长和爱好，从家访中了解学生的热爱劳动、孝敬父母的情况……发现之后就要及时表扬。发现的学生身上的闪光点越多，对学生的爱就越深；发现学生身上的闪光点越多，能够把学生教育好的信心就越强；发现学生身上的闪光点越多，教育学生的方法也就随之更加灵活。

三、学会表扬学生

学生非常重视老师对他的评价。老师对他的充分肯定，往往可以激励他向更高的层次迈进；老师的一次赏识，也许就能发掘他创造的源泉；老师的一句鼓励，足可以唤起他"抬起头走路"的自尊；老师的一句赞扬，说不定就点燃了他内心要求上进的火花。善于把表扬作为教育艺术的教师，就意味着赢得了教育上的主动权。因为这样做，容易建立起融洽的师生关系，能够创造和谐宽松的课堂氛围，有利于培养学生健康的心理素质，有利于学生思维的发展，有利于后进生的转变。

苏霍姆林斯基认为："我们和学生每时每刻都在进行着心灵的接触。"心理学家也提醒老师们在课堂上不要吝惜对学生参与教学活动的积极反馈。

接受表扬决不仅仅是好学生的专利，对于基础差、能力低的学生，老师的鼓励尤为重要。口头语言表扬是最经常的，它贯穿于我们教育教学的始终。不过，应注意的是表扬要有具体内容，他做得好，好在哪，而不是泛泛地说："你做得挺好的。"最好具体一些，比如表扬一个听讲有进步的同学，就可以这样说："你今天上课一直看着老师，听讲非常专心，还举了两次手。你的进步真让老师高兴！"

应当注意的是，对学生的表扬要实事求是，要适当和适度，还要因人而异。过分了会失去表扬的作用，也会使有些学生滋长骄傲情绪，产生过高评价自己的偏差。

四、如何理解"尊重学生"？

尊重是人的高层次的心理需要。这不仅是成年人的心理需要，也是学生的心理需要。而成年人往往忽略了学生的这一不亚于穿衣吃饭甚至比穿衣吃饭还重要的需要。从小被人尊重的人，有很强的自尊心、自信心，容易形成完善的人格，或者说学生会自己努力用完善的人格来维护自己做人的尊严。

尊重学生，首先就要把学生当作一个独立的人。可我们往往只重视学生的学习成绩怎么样，一味希望学生能听我们的话，常常忽视学生的需要，不考虑学生在想什么，不体谅学生的处境，不顾及学生的自尊心，不了解学生的苦恼和心理上的障碍，只凭着我们想象的情况去教育学生。一旦学生的行为出乎我们的意料，或者没有按我们的要求去做，我们就可能对学生不满意，甚至批评或采用其他方法来惩罚。这样，很难达到师生关系的融洽，也很难进行师生情感的交流和师生心灵的沟通，对培养学生健康的心理素质极为不利，对学生健全人格的形成危害极大。教师尊重学生，不是一个方法问题，是教育思想、教育观念问题，必须高度重视。

教师尊重学生，会使学生的自尊心得到保护，自信心得到鼓励，能够保护学生的创造性，调动学生学习的积极性和主动性，使学生懂得自爱，懂得做人的尊严。不尊重学生，就谈不上教育，只有尊重学生，才能教育学生，这是做好教育工作的重要前提。

为学生茁壮成长提供养分

一、小学生生理发展的主要特征

小学阶段从六岁到十一二岁，小学生大致处于童年期，其生理发展的主要特征如下：

小学生的生理发展相对稳定和平衡，身高、体重、肌肉的强度和耐力、肺活量的增长都相当均匀。

小学生的骨骼系统处于形成阶段，骨化还没有完成。手部肌肉正在发育。因此，要注意小学生正确的坐立姿势，要注意锻炼他们的小的肌肉活动，逐步锻炼手部的精细动作。

小学阶段儿童的大脑机能正在完善。他们大脑皮质的分析及综合机能在发展，第二信号系统发展明显，两种信号系统的调节作用亦在不断发展。这为由形象思维向抽象思维的过渡，不随意性活动向随意性活动过渡，提供了生理基础。

小学儿童的生理发展水平，允许他们能够进行系统的学习，但不应使他们过度疲劳或过度紧张。

二、小学生心理发展的主要特征

小学生心理发展的主要特征如下：

（1）感觉和知觉。儿童的视敏度（指从一定距离感知和辨别细小物体的能力）随年龄的增长而增长，学校要注意教室的光线和座位的安排，保护儿童视力。儿童手的运动觉也在逐渐发展，但因为手指和手腕骨骼还没有完全骨化，书写时间不能太长，字不能写得太小。他们在观察中，常注意一些自己感兴趣的、新鲜的东西，能引起直接情绪反应、情绪态度的客体或客体的特性、属性、特点，而忽略主要的东西。小学生特别是低年级学生观察事物缺乏顺序，缺乏系统性，教师要培养学生有目的、有顺序地观察。

（2）注意。有意注意不断发展，无意注意仍起作用。低年级学生容易分散注意力，因此组织教学特别重要。低年级学生的注意经常带有感情色彩，

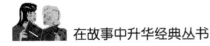
教师可以从他们的面部表情看出他们是否在听讲。小学教师要发展学生的注意集中性和稳定性，扩大他们注意的范围，培养他们注意的分配和转移能力。

（3）记忆。小学低年级学生倾向于机械记忆，随着教学活动逐渐发展，记忆水平随之提高，有意记忆也得到发展，并成为小学生记忆的主要方式。低年级学生的直观形象记忆比词的逻辑记忆较为发展，直观的形象记忆最容易建立，具体语词记忆也比较容易建立，而抽象语词记忆则较难建立，所以，对小学生要重视直观教学。

（4）思维。小学儿童的思维正处于由具体形象思维向抽象逻辑思维的过渡阶段。小学低年级以具体形象思维为主，到小学中高年级，抽象逻辑思维能力逐渐增加。小学生思维的自觉性、灵活性较差。

（5）情感。小学生的道德感逐步发展起来，但他们的道德感还是狭隘、模糊的，常依靠教师的评价来衡量事物的好坏。儿童的理智感也获得发展，大多和具体事物相联系。优良的学风、校风，优良传统的教育，对道德感、理智感等高级情感的发展起很大作用。

（6）自我意识。小学低年级儿童独立评价自己的能力还很差，常以家长和教师对自己行为的评价为标准。从中年级开始，儿童才逐渐学会把自己的行为和同学、和别人的行为加以比较，把别人的行为作为自己行为的参照。教师和父母对儿童行为的及时评价以及自身言行的潜移默化，对儿童自我意识发展有很大作用。

（7）道德意识和道德行为。小学生对道德意识的理解比较肤浅和表面，如分不清"勇敢"和"冒险"。他们对道德行为的评价常有很大片面性。小学生常有道德认识和道德行为的脱节现象。教师和家长要以身作则，同时严格要求儿童，培养儿童言行一致的优良道德品质。

三、初中生生理发展的主要特征

根据我国的学制，学生从十一二岁进入初中，学习三年或四年，初中阶段正是学生由儿童期向成熟期过渡的阶段，常称少年期。

初中是身体的各个系统发生急剧变化的时期。女孩一般比男孩早两年左右进入青春发育期。

初中是骨骼系统迅速发展，但脊柱、胸廓、骨盆和四肢尚未完成骨化过程。他们如果姿势不正或负荷过重都容易造成脊柱歪曲变形。肌肉也在很快发育，肌肉力量大大增强，但尚未发育完善，易产生疲劳。

由于身体的迅速发展，它的各部分之间以及整个有机体和环境之间常常暂时失去平衡。因此动作常常不协调、不灵巧，显得笨拙。

由于心脏加大与血管直径增大的不适应，常导致血压升高、头晕、心搏过速、头痛、易疲劳等现象。

初中生由于内分泌系统的变化，使神经活动的兴奋与抑制过程不太稳定，时而高度兴奋，时而无精打采。

初中生生理发展最主要特征是性开始成熟。少年期性器官和性机能的发展表现在第一、第二性特征上，即生殖器官的发育和体态上出现新的特征。女少年从十一二岁进入性成熟期，男少年晚两年。当前男女少年性成熟有提前发生的趋势。

四、初中生心理发展的主要特征

初中生心理发展的主要特征如下：

（1）感觉和知觉。各种感觉的发展达到完善，感受性的发展达到甚至超过成人水平，如在听觉方面已有相当的辨别音阶的能力。知觉的有意性和目的性有了明显的发展，能了解抽象的几何空间，但在了解较为复杂的空间关系时，还需直观表象的支持。

（2）注意。能够有意地调节和控制自己的注意。注意的稳定性和集中性，注意的转移能力，也有相应的发展，注意的范围和分配能力也有相应的扩大和提高。初中生注意的外部表现不如小学生明显，有时不注意听课也不易为教师发觉。

（3）记忆。记忆量有了增长，单位时间内的记忆数量随着年龄增长而增长。意义识记能力迅速发展，有的学生能运用各种联想、编拟提纲、找出重点和按意义分类等间接方式进行熟记。教师要有意识地教给学生各种有效的识记方法。初中生词的抽象记忆能力进一步发展，但对具体材料的识记的指标仍然高于对词的识记的指标。

（4）思维。处于具体形象思维向抽象逻辑思维过渡阶段，其中具体形象成分仍起重要作用。很大程度上属于"经验型"思维，在逐步向"理论型"思维过渡。日益掌握更多的抽象概念和概念系统，归纳推理的水平高于演绎推理的水平。

（5）情感。易受外界刺激的影响，不善于调节自己的情感，带有很大的冲动性和不稳定性，表现出少年特有的热情，但不善于自制。此时抗拒性反应处于高峰。

（6）自我意识。随着少年独立性、自觉性的发展，自我评价能力也得到发展，能从行为的表现及其社会意义去评价别人；评价别人比较清楚，但常带片面性，评价自己比较模糊。

（7）成人感。少年期的主要特征是"成人感"的产生，要求别人尊重他们，不再把他们当作儿童。因处于儿童向成人过渡时期，就出现了独立性与依赖性的矛盾。学习和生活上，一方面愿意独立，另一方面又离不开教师、父母的帮助，所以，心理学家称少年期为"心理性断乳期"。

学生学习活动的特点

一、小学生学习活动的特点

幼儿以游戏为主，小学生则以学习为主。小学生学习活动有一些明显的特点。

低年级学生还不能很好地理解学习的意义，他们会感到学习并不像游戏那样轻松。学习是一种需要努力和自我节制的活动，小学生有可能对学习产生消极的态度。

低年级儿童的学习动机往往是希望得到老师的称赞、父母的夸奖。由于分数带有教师评价的性质，所以取得高分就成为学生学习的最初动机，成为学习的直接目的。

低年级儿童的学习态度常受外界因素的影响，也比较被动，需要督促和检查。从儿童一入学就要培养良好的学习习惯。首先要抓常规训练，养成儿童自觉地遵守学习纪律和组织纪律的行为习惯。其次要培养学生认真学习、积极思考等优良的学习品质。

在学习兴趣上，低年级儿童往往表现出对学习过程的形式感兴趣，如上课时一会儿读书，一会儿抄写，他们就比较感兴趣。

随着年龄的增长，儿童逐渐重视学习的结果。对学习内容的兴趣也常常和自己对成绩的满足感的体验联系在一起。这种满足感是伴随着教师的称赞、夸奖而增强的。

教师的威信是低年级教学和教育的重要前提，低年级教学和教育的效果是同教师成为学生不可怀疑的权威联系在一起的。教师要建立和维护自己的威信。

二、初中生学习活动的特点

初中与小学有许多不同。初中科目增多，各门学科接近于科学体系；各门课程有各自的任课教师，有不同的教学风格；要求学生有较大的独立性和自觉性。要帮助学生适应学习上的变化，防止学习成绩下滑。

初中生对老师的态度开始具有独立的评价，对不同教师在态度上发生分化，喜欢那些知识渊博、教学生动、态度公正、为人和蔼的教师。

与社会意义相联系的学习动机已逐步成为主导的动机。

初中生精力充沛、兴趣广泛，表现出强烈的求知欲和浓厚的认识兴趣，容易发生兴趣分散和不稳定现象。他们的兴趣有更大的分化性和选择性，表现出对某些活动或学科特别偏爱。

在学习态度和学习能力上，表现出明显的个体差异。学习态度上主观因素开始起主要作用。

三、高中生的身心发展和学习活动的特点

根据我国的学制，高中生大致为十五六岁到十八九岁，处于青年初期。这一时期，身心发展趋于成熟，准备走向独立生活。

1. 生理发展的主要特征。身体发育基本成熟。生理发展相对平稳，最后完成性的成熟。身高接近成人，体重增加，骨骼已骨化，肌肉力量增长迅速。神经系统发展逐渐成熟，血压均衡，内分泌系统协调，神经系统的兴奋和抑制过程趋于稳定。

2. 心理发展的主要特征。在感知和观察方面，比初中生更富有目的性、系统性、全面性和稳定性。注意的集中性和稳定性有了发展，能很好地分配和转移自己的注意，注意的范围已相当开阔。记忆已达到成熟水平，已更多地运用意义识记的方法，较少运用机械识记的方法，能自觉地检查记忆的效果，能在理解的基础上去记忆。思维发展则表现为：开始形成理论思维，具有组织性和深刻性，具有独立性和批判性，还存在很大的个体差异。情感丰富、强烈，并具有两极性，容易把自己的情感投向所感知的对象，沉浸于大自然，或文艺作品，或音乐，或体育。情感的自我调节能力和自制力增强，开始带有文饰和内隐的特点。集体对高中生自我意识有重要影响，他们有自己的小集体。他们重视友谊，易把友谊带上理想色彩。高中生富有理想，向往未来，追求美好的前景。高中阶段是形成世界观的关键时期，此时，世界观还不很成熟，不很稳定，对人生和世界的评价还带有明显的个性色彩。

3. 学习活动的特点。高中生对各门学科持有选择性态度，这种选择是和未来职业的指向性联系在一起的，把未来生活道路的选择当作学习活动的动机。学习动机的建立更自觉、更稳定。

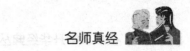

培养学生良好的学习习惯

一、如何使学生养成读的习惯

"书是人类进步的阶梯"，阅读可以获取人类精神文明的财富，学习一切开启智慧的学说，接受先哲、贤人的思想。

指导学生养成阅读习惯是教育的重要内容，是陶冶学生情操、培养良好人格的有效途径，是开拓学生视野、发展学生智力的重要手段，是培养学生识字、看书读报、说话、写作能力的重要环节，为提高学生的终生学习能力打好基础。如何对学生的阅读习惯进行指导呢？

（1）培养阅读兴趣：让学生从小就感到读书是一件愉快的事情，是一种享受。学生一般对故事都感兴趣，看故事就是阅读的第一步，随着学生年龄的增长，阅读的内容逐步加深，让学生在不知不觉中培养阅读的兴趣。

（2）奖励书籍作为手段：学生在学习、运动等方面有了进步，老师经常会对学生进行物质奖励，而奖励书籍是培养学生阅读的一种好方法。

（3）养成做阅读笔记：一开始，可以指导学生在自己认为重要的句子或词汇下面划线或划圈，也可以在书上写些阅读的心得体会等。

（4）收集书中精美的句子与词汇：让学生备一本专用的本子，把书中的精彩的句子和词汇记下来，作为以后写作的参考资料。

（5）写读书心得：在学生的阅读已经有了一定的基础后，引导学生动笔写读书心得，这是阅读的高要求。如果学生的阅读尚未达到一定的水平，不必做此事，否则会有不良后果，使阅读、写作均告失败。

二、如何使学生养成写的习惯

"写"是一种心智操作活动，是将内部心理活动转化成外部行为表现的一种学习方式，在人的学习活动中起着举足轻重的作用。从信息加工理论的角度来看，"写"是一种信息的输出，它与"读"相对应，是信息加工后表达智慧成果的一种有效方法。写的习惯的养成，既是一种心智训练，更是一种对语言表达能力的训练，对思维能力的培养。从这个意义上说，"写"的习惯的养成对小学生的学习和发展将起到非常重要的作用。那么，教师又该如何正确而有效地培养学生"写字"的良好习惯呢？

（1）激发学生写字的兴趣：现在的许多学生之所以写不好字，其中一个非常重要的原因就是他们对写字缺乏足够的兴趣。对写字的态度不积极、不主动，因此，激发学生写字的兴趣尤为重要，它是一个动力系统、诱发因素。

学生在学写字的过程中，往往会因活动的简单枯燥而丧失写字的兴趣，这是许多教师在训练学生写字的过程中最容易忽视的一点，应引起重视。在学生学写字的过程中，教师应该对他们的写字活动不断予以鼓励和表扬，肯定他们的成绩和进步，使他们在学写字的过程中能不断体验成功，从而激发他们写字的积极性。

（2）端正学生的写字姿势：在激发了学生写字的积极性，作为技术层面上的指导，教师应关注学生的写字姿势，从小养成的良好写字姿势将会终生受用。写字的姿势主要是指学生在写字过程中采取的身体动作姿态，它是学生写字时的固定化行为方式。如何端正写的姿势呢？不妨从以下的做法中加以尝试。

①挺胸收腹，端正坐姿：现在的许多学生做作业时喜欢趴在桌子上，或者弓背弯腰，这些姿势都是错误、不健康的，对学生生长发育不利。正确的写字姿势应该是"挺胸收腹，坐正姿势"，其动作要领是：胸部挺起，腰部挺直，腹部收紧，双腿自然分开，并与地面垂直向下，头部微微向下，成45度角。

②保持距离，手眼协调：坐正姿势后，最要紧的就是写字时应保持两个距离：一个是身体与桌子之间保持一个拳头的距离；另一个是眼睛与书本之间保持40～50厘米。此外，写字时手眼运动的协调也是非常重要的，应做到"手到眼到、眼到手到"，"手眼互动、相互协调"。

（3）培养学生写的习惯：良好习惯的养成是小学阶段一切学习的出发点和归宿，同样，写的习惯的培养也是这样。只有当学生具备了较好的写的习惯，才能使他们写的能力得到充分的发挥，因此，写的习惯作为学习习惯中的一个重要组成部分，在小学教育中历来得到广泛的关注，并有许多成功的经验在学校中加以推广运用。

①养成学生"定时写"的习惯：所谓"定时写"，是指让学生养成写字的时间固定化，每天的某一时间段固定为学生写字的时间，并能做到经常化、习惯化。其中，学写字、做作业应有所区分，这里的"定时写"主要是针对

学写字这个学习活动的，因为，做作业的时间往往受到老师布置的作业量的影响，而学写字的时间相对来说容易控制，不受外来因素的影响。

②养成学生"定点写"的习惯：所谓"定点写"，是指固定写字的地点，专门有一个地方是学生写字的区域，在现在住房条件有所改善的情况下，应该比较容易做到。"定点写"的好处就是让学生有一个写字的良好环境，在学生的小书房里进行写字的训练，能使读和写有机地结合，并营造良好的学习氛围。

③养成学生"定物写"的习惯：所谓"定物写"，就是让学生养成定内容、定专题的写字习惯。在定时、定点习惯养成的同时，定内容、定专题地进行写字的训练，是非常重要、非常有效的一种策略和方法。在学生写日记、周记的过程中，应引导学生有专题地进行写字训练，这样能使学生在练习写字的同时，提高自己的写作能力，让写字的习惯与写作习惯融为一体，共同培养、一起发展。

三、如何使学生养成算的习惯

小学低年级学生在做数学作业时经常会出现计算上的错误，特别是两位数的加减运算题目，许多学生都会算错，如，"45＋13"会算成"45＋31"，有时十位数与个位数相加的题目会做，而个位数与十位数相加就不会做了，如，"56＋3"会做的，而"3＋56"就不会做了。这一方面反映了小学阶段数的加减运算会出现一定的难度瓶颈，使小学生比较容易出现错误，但另一方面也反映了现在的小学生在计算能力和习惯的发展与形成上比较欠缺和滞后。这就给广大教师提出了一个难题，就是如何有效地培养学生计算的能力和习惯。

在当今国际教育改革与发展的潮流中，我们不难发现，许多国家都把数学教学的要求和目标定位于"大众化数学"，就是突出数学学习的应用性和生活性，强调数学教学的工具化和大众化。在这一思潮的影响下，我国数学教学的改革也顺应了这样的发展趋势，强调了数学知识的工具性、实用性，并把小学生的计算能力和习惯的培养作为主要的教学目标加以重视。

计算是一种思维活动，是小学生思维训练的基本练习。计算作为思维活动的重要载体，计算的分类从不同的角度有不同的分法：从其表现形式上分，可以分成内部计算和外部计算，而外部计算又可分成口头计算和书面计算；从思维的表现程度上分，又可把计算分成形象性计算和抽象性计算。这些计算的分类只是为了研究而细化的，而实际的计算活动往往是综合在一起的，它们对学生的思维发展起着非常重要的作用。看到算的习惯的重要性后，有效而科学地对学生进行算的习惯的培养显得尤为重要。

（1）培养学生算的兴趣，激发算的欲望：算是一种心智活动，它的艰巨性、复杂性是相当明显的，因此，许多小学生对计算活动缺乏足够的兴趣，甚至看到算术就会产生一种莫名的恐惧，因此，教师应想办法通过一些教育活动来激发学生计算的兴趣。比如，利用空余时间陪学生玩心算的游戏，像"二十四点"游戏，就是激发、培养学生心算兴趣和能力的一种很好的活动，通过这样的游戏，学生就会在轻松、愉悦的气氛中得到心算能力的培养，并极大地激发他们对学习计算的兴趣和欲望。

（2）鼓励学生不断成功，掌握算的科学方法：许多学生之所以对计算会产生这样那样的恐惧心理，是因为他们从小就没有真正尝到过成功所带来的喜悦和兴奋，没有足够的成就感作支持是很难使小学生对心智操作活动产生强烈的进取心的，因此，要培养学生算的习惯，必须不断鼓励他们在计算活动上的每一次成功，不断树立对计算的成功感和成就感，从而使学生的计算自信心得到充分、健康的发展，这是非常重要的。此外，掌握科学的计算方法也是非常重要的。比如，通过对数的分解、组合以及对应关系，来进行加减运算，这是一种很有效的科学方法，因为，数的加减运算，其实质就是数的分解、组合同运算符号的表现，它是数的对应关系在运算过程中的体现。

增强学生的能力

一、如何培养学生的注意力

由于小学生的年龄特点使得他们的注意力在发展过程中会出现不同程度的偏差，从而进一步影响注意力的品质，这是小学生在发展过程中经常会碰到的一个心智方面的问题。它对小学生的学习和个性发展都起着极其重要的作用，因此，理应得到重视，并加以认真培养。

注意是心灵的哨兵，是一切心理活动的前提和基础，如果没有注意的参与，所有的心理过程都将不可能发生，因为注意是心理活动对一定对象的指向和集中，它是心理活动的组织者和维持者，在智力活动中起着不可替代的作用。由此可见，注意力对学生心智发展的重要性是不言而喻的。

那么，教师该如何培养学生的注意力呢？

1. 认识注意力的一般特点：

要想进行注意力的培养，我们首先对注意力要有一个科学而基本的认识，即要认识注意为学生茁壮成长提供养分的一般特点。从上面的定义中可以知道，指向性和集中性是注意力的两个基本特征。注意力的指向性是指心理活动有选择地反映一定的对象，而离开其余的对象。注意力的集中性是指心理活动停留在被选择的对象上的强度或紧张度，它使心理活动离开一切周围的事物，而且抑制多余的活动。注意力的指向性和集中性表明注意具有方向和强度的特征。注意力是伴随着其他一切心理活动而发生、发展的，由于内部心理需要和外部客观事物的相互作用，使个体对一定事物有了指向，即开始注意某一事物，随后在内外因素的相互影响下，个体会继续注意这个对象，使一些心理活动集中于该事物上，这就是整个注意力的发生过程。当然，必须指出的是，注意不是一种独立的心理过程，而是各种心理过程的共同特性，即指向一定对象的特性。

（1）注意力的分类：根据产生和保持注意时有无目的以及意志努力程度的不同，可将注意分为无意注意、有意注意和有意后注意3种。

①无意注意：它是指事先没有预定的目的，也不需要作意志努力的注意。例如，学生在听课时，忽然有人推门进来，大家都不由自主地去看他，这种注意就叫无意注意。这种注意的产生和维持，不需要意志努力，而是人们自然而然地对那些强烈的、新颖的和感兴趣的事物所表现出来的心理活动的指向和集中。引起无意注意的原因来自两个方面：刺激物的特点（如强度、对比关系、活动变化以及新异性等）和人本身的状态（对事物的兴趣和需要、情绪状态以及精神状态）。

②有意注意：它是指有预定的目的，需要作一定意志努力的注意。有意注意主动服从于一定的目的、任务，它受人的意志的自觉调节和支配。有意注意是人所特有的一种心理现象。

③有意后注意：它是指实现有预定的目的，不需要意志努力的注意。它是注意的高级形态，是有意注意发展到一定程度后的一种注意状态，具有高度的稳定性，是人类从事创造性活动的必要条件。

无意注意、有意注意和有意后注意在实践活动中紧密联系、协同作用。有意注意可以发展为有意后注意，而无意注意在一定条件下也可以转化为有意注意。只要通过有效的训练活动，三者之间是可以互通的。

（2）注意力的品质：教师培养学生的注意力，其实就是要提高学生的注意力的品质，即注意力的特征，它主要包括4个方面：

①注意的稳定性：它是指在同一对象或同一活动上注意所能持续的时间，这是注意在时间上的特征。人的注意稳定性存在着个体差异和年龄差异，其中个体差异与个体的神经过程强度有关：神经过程强的人，注意力不容易分散；神经过程弱的人，注意力容易分散。注意力的年龄差异主要表现为随着年龄的增长，儿童的注意力稳定性一直在发展，其中尤以小学阶段的发展速度最快，幼儿阶段和中学阶段的发展速度较慢。

②注意的广度：它也叫注意的范围，是指同一时间内能清楚地把握对象的数量。影响注意广度的因素主要有两个：一是知觉对象的特点，二是个人知觉活动的任务和知识经验。在学习过程中有的人能"一目十行"，而有的人"一孔之见"，这就说明注意广度也有个体差异。注意的范围对提高人的心理活动效率是很有好处的，范围越广，活动的效率就可能越高。

③注意的分配：它是指在同一时间内把注意指向于不同的对象。注意的分配对人的实践活动是必要的，也是可能的。例如，许多妇女可以边织毛衣边看电视，会骑车的人可以边骑车边讲话等。我国的心理学工作者研究了儿

童注意分配能力的发展后，发现幼儿的注意分配能力很低，进入小学阶段。随着有意注意的发展，儿童的注意分配能力迅速提高。

④注意的转移：它是指注意的中心根据新的任务，主动地从一个对象或一种活动转移到另一个对象或另一种活动上去。注意的转移被认为是注意的动力特征，很有现实意义。例如，第一节课是数学，第二节课是语文，小学生就会根据新的任务，将注意从上一节数学课转移到下一节语文课，这就是注意的转移。注意转移的快慢和难易取决于原来注意的紧张程度和引起注意转移的新对象的性质。小学生的注意转移能力尚处于发展之中，还不够成熟，而中学生的注意转移能力已基本成熟，能根据目的自觉地转移注意。

2. 掌握注意力的发展规律：

从人的一生发展历程来看，小学生的身心发展处于一个飞速发展的阶段，随着知识经验的不断丰富，心智活动的不断成熟，学生的注意力也会逐渐发展，并表现出一定的规律性。教师只有掌握了学生在注意力发展方面的规律以后，才能有助于对学生进行有针对性的培养。

（1）从无意注意占优势逐渐发展到有意注意占主导地位。幼儿和小学低年级学生常常缺乏注意的自觉性，受情绪、兴趣和客观事物的直观形象、刺激强度所吸引，容易出现无意注意，而随着年龄的增长，其意志力发展以后，就会克服外在的许多干扰而集中注意，使有意注意不断增强。

（2）有意注意由具体生动、直观形象或突然变化的事物所左右，逐渐发展到对抽象、概括的知识的注意。随着自我意识的成熟，知识经验的积累，小学生对许多抽象化的知识能理解、认同，并能激起他们的求知欲，从而引起有意注意；更由于学习任务的需要，使小学生把有意注意的对象从直观具体的事物转向抽象的知识。

（3）注意的广度、稳定性、分配以及转移等品质，从低水平向高水平发展。关于这一点，在上面讲述注意力品质时已经有所描述，这里就不再重复了。

3. 形成注意力培养的有效策略：

在了解了注意力的一般特点和发展规律以后，我们就应该着手探讨一些培养学生注意力的有效策略。

（1）扩大学生注意的范围：为了做到这一点，教师应有意识地扩展学生的知识面和兴趣爱好，因为学生的注意范围主要受兴趣、知识和经验的影响。

教师决不能因为学习任务重而剥夺学生的课外活动，更不能只追求考试成绩而不给学生看一些充满知识的课外书籍，这应引起广大教师的高度重视，因为现在许多教师在应试教育的压力下对学生进行题海战术，根本不考虑学生的兴趣爱好和知识阅历。

（2）提高学生注意力的稳定性：教师经常有意识地选择对学生有兴趣的事物，创设有利于注意稳定的外部环境，预先尽可能地排除容易引起学生注意分散的干扰因素，因为我们的学生还小，很容易被外在的客观刺激所左右，他们的注意力还不够稳定。

（3）训练学生的注意分配能力：教师通过各种途径，诸如让学生参加学校组织的各项娱乐活动（学乐器、学舞蹈），辅导学生协调手、脚、身体以及脑的活动，在发展学生艺术特长的同时培养学生的注意分配能力。

（4）重视学生的注意转移：小学生由于年龄上的缘故，其心智的成熟度还比较低，因此，教师要重视将学生的有意注意和无意注意进行相互转换。尤其在教育学生有意注意的过程中，要求学生在 15 分钟内注意听、注意看，或者注意想时，应有意识地引导学生进行注意转移，让他们适当地注意一些无关的东西，开一点"小差"，以防止学生因长时间的有意注意而使大脑疲劳，从而影响其身心健康。

（5）关注学生的意志品质：注意力的培养说到底其实就是有意注意的培养，而有意注意的心理支持就是意志力，因此，教师应多关注学生的意志品质。教师可以运用多种激励手段来提高学生的意志品质。当学生能克服外在的干扰而成功地集中注意时，应及时表扬；而当学生因外来的刺激而不能集中注意时，应给予适当的惩罚，以培养学生的意志品质。这样，教师就可以把学生的意志力培养和有意注意的保持有机地结合起来，并渗透在家庭教育的各项活动中。

二、如何培养学生的观察力

在当今科学技术突飞猛进的知识经济时代，信息大爆炸使人对信息的辨别、筛选、收集等能力显得日益重要；这就需要每个人要有敏锐的观察力去抓住瞬息万变的机遇和挑战，这是现代社会对人的基本要求。为此，培养学生的观察力显得非常重要，它会为学生今后更好地走向社会奠定良好的基础。

学会观察，发展观察力，对于科学研究和学习求知有着同样重要的作用。许多科学家都是从惊人的观察力中受益的，如近代生物进化论学说的创立者达尔文在自传中写道："我超过常人的地方在于我能够观察那些很容易被忽视的事物，我还对它们进行精细的观察。"俄国著名生物学家巴甫洛夫在他的实验大楼上用大字醒目地写道："观察、观察、再观察。"观察是现代科学的一个最基本的方法。不过，巴甫洛夫提出的观察是广义的观察，是包括知觉、思维、意志等多种心理机能在内的一种科学研究的方法。我们这里所说的观察是指涉及到知觉的狭义的观察。

观察是一种有目的、有计划、比较持久的知觉，是知觉的高级形式。现代心理学将观察视为人们发现并获取知识的重要一环，是智力活动的一个重要组成部分，因此，培养和提高观察能力对于我们学生的学习和生活都是极为重要的。那么，教师该怎样指导学生学会观察，发展学生的观察力呢？

1. 明确"观察"的基本品质：

要培养学生的观察力，就必须了解观察力的基本品质，因为，教师指导学生观察活动，目的就是提高学生观察力的良好品质，发展观察力。教育心理学的研究揭示了观察的基本品质主要有以下5个方面：

（1）目的性：就是要有明确的观察目的、要求有观察对象，它是一种特殊的有意知觉，因此，目的性成了观察的首要品质。

（2）条理性：观察区别于一般知觉的另一个特点就是，观察是有计划的，它是一种有一定预设性的知觉，有比较明确的观察步骤和具体的观察任务，有条有理，而非杂乱无章的。

（3）理解性：就是在观察过程中要求学生能积极思考，分析研究，深刻理解，切忌过目不思量，入耳不入脑。只有边观察边理解，才能提高观察的实效性。

（4）敏锐性：就是要求学生能敏锐地观察并深入认识事物的本质特点，抓住容易被忽视的部分，发现有意义的东西，诸如牛顿从苹果落地现象中发现了万有引力这一科学真理，瓦特从水壶盖子被蒸汽顶起现象中发明了蒸汽机等。

（5）复杂性：就是指既能注意观察预期的现象，又能搜索那些意外的情况，要求学生能够眼观六路，耳听八方，对观察的事物能够去伪存真，去粗存精，由表及里，由此及彼。同时，在观察过程中，需要学生将多种感知器官都调动起来，参与到观察活动中。

2. 指导学生学会"观察"：

教师在培养学生观察力、提高其观察品质的过程中，应注意以下"五个要"：

（1）要激发学生的观察兴趣："兴趣是最好的老师"，兴趣可以增强观察的求知欲望，激发观察热情，有助于学生集中注意力，认真仔细地观察。教师可以利用能够引起学生注意和好奇的事情，也可以根据家庭及社区现有的条件、资源来培养学生的兴趣，如动植物、自然景观、社会人文景观、儿童卡通等，激发学生的观察兴趣。让学生从小就养成喜欢观察的习惯和爱好，并使他们能从生趣—有趣—寻趣—兴趣—情趣—志趣中不断加以提升，把对周围事物的观察兴趣上升为个人的性格特征和学习品质，使学生终身享用。

（2）要培养学生积极的观察态度：观察态度是影响观察活动的一个主观能动因素，态度越积极，学生的观察主动性就越强。这种观察态度的树立与观察兴趣的激发有着密切的联系，当被观察的对象符合学生的观察兴趣时，学生会自发地产生积极的观察态度，并全神贯注地观察他所喜欢的特定对象。这就是为什么有的学生会对卡通、游戏非常精通，而且观察得很仔细，但对学习上的作业却熟视无睹，因为学生对卡通和游戏的观察态度很积极，而对学习作业却持消极的态度。

（3）要指导学生明确观察的目的：观察目的的明确是顺利进行观察的前提，因此，要培养学生的观察力，就必须指导学生明确观察的目的。学生有了明确的观察目的，就会清晰观察的中心、重点和范围，并做到观察时心中有数，有意识地调控观察的全过程，把要观察的重点和难点都及时地记录下来，从而真正提高观察的效果。

（4）要帮助学生拟订观察的计划：观察计划是影响观察活动质量的一个主要操作指标，它是观察得以进行的技术保障。许多小学生的观察效果不理想就与他们的观察计划不严密、不科学有着很大的关系。因此，帮助学生拟订详细的观察计划显得尤为重要。学生有了周密的观察计划，就可以明确观察的对象、任务、步骤和方法，并有计划、有系统地进行观察，从而避免观察时的自发性、盲目性和随机性，保证观察能按部就班，循序渐进，有条不紊，以便使学生从小养成良好的观察习惯。

（5）要指导学生掌握科学的观察方法：在学生的观察能力比较欠缺的情况下，教师适当地指导他们掌握一些简单而实用的观察方法是有用的。在家庭生活中可以根据实际情况随机地运用以下一些方法或许可以起到一定的效果。

①"放大"：平时多注意让学生把观察对象尽可能地扩大，并指导他从多

角度去观察、理解、分析、思考观察对象。另外，还要教会学生用放大镜的办法去观察一些细小的东西，甚至是我们肉眼看不到的微观世界。

②"缩小"：这种方法与"放大"相反，它要求教师教会学生用缩小的方法去观察那些既复杂又庞大的事物，因为学生的知识和经验是有限的，而有许多观察对象蕴涵着非常深奥的、学生难以理解的科学规律，这就需要教师加以适当地指导，让学生集中注意力去观察适合于他们的那部分观察现象，以便进一步突出观察的目的性。

③"比较"：就是要教师引导学生对所观察到的对象进行比较。俗话说"不怕不识货，就怕货比货"，让学生通过比较后分清事物之间的联系与区别，并更进一步认识被观察对象的特征和属性，从而提高观察的实效性。

④"有序"：由于观察的计划性和条理性对观察效果有着很重要的影响，因此，教师要教给学生按照一定的顺序进行观察的方法，诸如自上而下、由表及里、从粗到细、由远至近等。

⑤"深入"：随着年龄的增长，观察任务会越来越重，要求会越来越高，这就需要学生有较强的观察深刻性，即对观察对象要有一个深入的分析和了解，决不能只停留在观察对象的表面，因此，教师应指导学生去分解、切割、解剖需要深入观察的事物，从中使学生掌握一些深入观察事物的方法和技术。

3. 注意培养的"三个结合"：

（1）教师指导学生观察与学生主动观察活动相结合：一般地说，教师在指导学生的观察活动时，学生往往处于被动的地位，其主动性和积极性得不到充分发挥，因此，要求教师做到指导观察与学生的主动观察相结合。教师应该采取"带领—指导—放手""三部曲"，只提出观察任务和目的，放手让学生自己制定观察计划，独立自主地进行观察，从而发挥其主动性和创造性。当学生在观察活动中遇到一些实在无法解决的问题或困难时，教师才给予适当的帮助和指导。

（2）学校组织活动与家庭教育活动相结合：由于观察在学生的学习生活中占有极其重要的地位，因此，学校在教育教学管理中会经常组织各种活动以培养学生的观察能力。这时如果教师能意识到这一点，经常与学校教师取得联系，积极配合学校开展相应的观察活动，形成培养学生观察力的教育合力，则会使学生的观察力培养有更充足的环境支持。例如，语文老师布置学生观察家乡变化、写作文，教师就应该与之配合，为学生观察家乡巨变创造条件，并指导学生观察、记录、分析，从而提高学生对身边事物变化的洞察能力。

（3）观察活动与其他智力活动相结合：观察是知觉活动的高级形式，也是人的心理过程的开端，它很少会独立于其他心理活动而独自存在，因为它是智力活动的有机组成部分。只有把观察活动与其他智力活动有机地结合起来，才能在培养学生观察力的同时，促进学生的全面发展。

三、如何培养学生的想象力

想象在社会实践中的作用是十分巨大的。研究表明，创造想象是人们进行一切创造性活动所必须的心理活动，它是进行科学发现、技术发明和文学创作活动的必要条件。离开了想象，人的任何创造性活动就不可能进行。爱因斯坦曾指出："想象力比知识更重要，因为知识是有限的，而想象力概括着世界上的一切，推动着进步，并且是知识进化的源泉。严格地说，想象力是科学研究中的实在因素。"

想象力是人的智力结构中的一个重要成分，想象力的发展影响着人的智力发展。学生的再造想象是学习科学文化知识的重要条件，创造想象则是进行创造性学习的必要条件。那么，教师怎样培养、发展自己学生的想象力呢？

1. 了解想象的一般特点：

想象是在人脑中对已有表象进行加工改造而创造出新形象的过程。形象性和创造性是想象的两个主要特征。想象的基本材料是表象，任何想象都不是无中生有凭空产生的，构成新形象的一切材料都来自生活，取自过去的经验。神话故事里的人物在客观现实中是不可能存在的，但塑造这些形象的素材仍取自于客观的现实生活。诸如明代小说家吴承恩，根据唐代高僧西天取经的传说，以丰富的想象创作了脍炙人口的《西游记》，情节扣人心弦，并以奇妙的想象塑造出孙悟空、猪八戒等人间仙人。不管这些人物和情节多么离奇，但它总与当时的现实世界有着千丝万缕的联系，故事中的许多地方就是现在的云南和西藏地区的一些名胜，如大理、金沙江、女儿国等。因此，想象只是把已有的表象进行重新加工创造出新形象而已。

根据产生想象时有无目的和意图，想象可划分为有意想象和无意想象。

有意想象是带有目的性、自觉性的想象。根据想象的创造性程度不同，有意想象又可划分为再造想象和创造想象。幻想是创造想象的一种极端形式。

无意想象是没有预订目的和计划而产生的想象。例如，儿童听故事时不自觉地跟着别人的讲述而想象故事中的情节、情景。又如，人们有时会看到天上的云朵，而自然地想象为人的面孔、鱼的鳞等。《看云识天气》中有一句话："鱼鳞云，雨淋淋。"就是把云想象成鱼儿的鳞。梦是无意想象的极端表现。

由此可见，学生的幻想和做梦，都是他们想象力丰富的表现，做教师的切不可扼杀这些想象的表现形式，也不能以异样的眼光去看待这些东西。

2. 掌握想象的发生规律：

想象作为一种心理活动，它与其他心理过程一样，有着自身的发生和发展规律，由于想象是以联想为基础的，因此，想象也与联想一样，有着以下4种规律。教师们了解了这些规律，才有可能对学生的想象力进行有效的培养。

（1）接近律：即空间上、时间上、形象方面有紧密联系的事物容易在头脑中建立起联想。比如，一看到北京，就想到长城和故宫，这是空间上的接近引起的联想；又如由"闪电"想到"雷鸣"，这是时间上接近的联想。

（2）相似律：即在现象或本质方面有相类似的事物容易在头脑中建立起联想，这是联想产生的主要规律。比如，看到中国地图就想到像一只大公鸡；一看到十五的月亮，就想到大月饼，大团圆；有的文学家看到草的顽强生命力就联想到人的顽强意志等等。

（3）对比律：即在形式或内容上存在对比性质和效果的事物容易在头脑中建立起联想。比如由黑想到白，由丑想到美，由庸俗想到高雅等等。

（4）因果律：即具有某些外在或内在关系的事物容易在头脑中建立起联想，主要是因果方面的联想。比如，早上看到地上很潮湿，就会联想到昨天晚上下过雨；在南京雨花台看到"大屠杀"中的同胞尸骨，就不禁会想到当时的人间悲剧。

3. 培养想象的策略方法：

（1）鼓励学生经常能异想天开：学生的好奇心、幻想力是非常强的，这是学生成长过程中的一种"本能"，然而许多教师在平时的教育中经常会不经意地损伤学生的这一天性。为了更好地培养学生的想象力，就必须保护学生的好奇心，鼓励学生的异想天开和大胆幻想。就像当年爱迪生的母亲看到爱迪生在模仿母鸡孵化小鸡时一样，不要横加指责，应积极鼓励。如果我们的教师都能像爱迪生的母亲那样对待学生的异想天开，那么，无数个小爱迪生将会在我们的家庭中诞生。

（2）指导学生认真观察与实践：良好的想象必须依赖于丰富的知识和经

验，缺乏必要的知识和经验，头脑中就缺乏表象，想象也就成了无源之水、无本之木，只能是一种空想。因此，很有必要指导学生认真观察周围事物，并积极地实践，使学生的生活经验日益丰富，以便让学生在大量的亲身经历中获得灵感，大胆想象，而不是让从未洗过衣服的学生"背"洗衣服的程序。如果把想象比作烧饭的话，那么，表象就是大米，而想象过程中的分析、比较、抽象等心理活动就好比是"水"和"火"，帮助表象这些"大米"变成"饭"。因此，如果我们的学生没有足够的社会实践经验，而让他们去展开想象的翅膀，这简直就是一种"巧妇难做无米之炊"的空谈。

（3）培养学生创造性的想象力：富有创造性的想象是创造活动的基础，它与创造思维一起构成了创造能力的两个主要因素，更是创造性人才所必备的一大品质。由心理学的研究可知，发展创造性想象的条件主要有4个：一是创造动机；二是扩大知识范围，增加表象储备；三是思维的积极活动；四是灵感和艰巨劳动。基于这样的认识，我们认为，教师在培养学生创造性想象方面需力求做到以下3点：

①要培养学生独立思考的能力：引导学生学会求异思维，不做人云亦云的"墙头草"，要敢于打破陈规，敢于标新立异地提出自己的见解，鼓励学生多想一些超出常规思维的办法，创造新颖的形象。

②要引导学生善于质疑问题：正如古人所说的那样，"学起于思，思起于疑。学贵置疑，大疑大悟，小疑小悟。"对学生提出的疑问，尽管可能幼稚可笑，也要尽可能地为其释疑解难。如果碰到一些教师难以回答的问题，做教师的应努力学习或者请教别人后，再给学生以满意的解答，切忌敷衍了事，更不能批评学生多问。

③要指导学生模仿和创造：模仿本身是一种再造想象，模仿得越像，再造想象力就越强，模仿有利于打好基础，练好基本功。在模仿的基础上创新，形成自己的特色和风格，这就是创造。许多画家、书法家都是从模仿名人、师傅的作品开始走向自己的创作之路的，最后成为一代名家。

当然，学生丰富的想象力培养与家庭教育中民主平等的教育氛围密不可分，希望教师们在运用上述方法的同时，一定要端正自己的教育观念和亲子关系，放下父母亲的架子，与学生平等地进行交流，惟有这样，才能真正培养出富有想象的一代新人。

四、如何培养学生的思维能力

先由一则家庭教育故事说起。美国著名科学家、诺贝尔物理学奖获得者

理查德·费曼，在其自传《你干吗在乎别人怎么想?》一书中叙述了父亲怎样教他思维的往事:

当我还坐在婴儿椅子上的时候，有一天，父亲带回家一堆小瓷片，就是那种装修浴室用的各种颜色的玩意。我父亲把它们叠垒起来，弄成像多米诺骨牌似的，然后让我推动一边，它们就会全倒。过了一会儿，父亲让我帮着把小瓷片重新堆起来。这次父亲让我变出复杂点儿的花样：两白一蓝、两白一蓝……我母亲忍不住说:"你让小家伙随便玩不就是了？他爱在哪儿加个蓝，就让他加好了。"可我父亲回答说:"这不行，我正教他什么是序，并告诉他这是多么有趣呢！这是数学的第一步。"我父亲就是这样，在我很小的时候就教我认识世界和它的奇妙。从此以后，使我对所有的科学领域都着迷……

不难看出，费曼之所以成为在物理学中有建树的科学家，与其父亲从小对他进行思维能力训练是密切相关的，并影响了他的一生。这则故事对我们的教师是很有启发的，我们做教师的，该如何在学生的发展上有所作为呢？怎样才能使自己的学生在思维品质上不落后于其他同龄学生？以下一些建议或许能使你有所收获，有所借鉴。

1. 认识思维的基本属性:

思维是人脑对客观事物的间接的和概括的反映。思维是借助言语实现的，是能揭示事物本质特征及内部规律的高级认识过程。间接性和概括性是思维的两大基本特征。间接性就是指通过一个或一系列中介环节来认识所感知的事物。假如你两手握的都是石头，要求你比较哪块更硬，你或者通过一定的仪器测出石头的硬度来判断到底哪块石头更硬，或者使两块石头相互撞击，就可以认识到其中不碎的一块"更硬"。这就是间接地认识事物属性，它属于思维。而思维的概括性包括两个方面：一方面，思维是人在实践活动中，在大量感知的基础上，对同类事物进行分析、综合、比较，从中抽取共同的、本质的属性或特征，然后概括起来，形成对事物本质的认识。例如，从"铜能导电，铁能导电"概括出"金属能导电"；另一方面，对有关事物之间的相互关系加以概括，形成对事物之间内在联系及其规律性的认识。例如，"朝霞不出门，晚霞行千里"，就是对云和天气之间内在规律的认识。概括性是思维的重要特征，有些心理学家认为，概括水平可以作为衡量小学生思维发展水平的标志。

思维的分类有3种分法，即根据思维过程中的凭借物、思维时的逻辑性以及指向性不同而有不同的分法。根据思维过程中的凭借物不同，可分为动作思维、形象思维和抽象思维；根据思维时是否具有或遵循明确的逻辑形式和逻辑规则，又可分为非形式逻辑思维和逻辑思维；根据思维过程中的指向性不同，可分为集中思维和分散思维。

人类思维活动的过程表现为分析、综合、比较、抽象、概括和具体化。其中，分析和综合是思维的基本过程，其他过程都是从分析和综合过程派生出来的，或者说是通过分析、综合来实现的。思维的这些基本过程又大多是通过概念、判断和推理这三大形式来实现的。

了解思维的品质，不仅对于理解思维的基本属性很有帮助，而且也对培养学生的思维能力有好处，许多研究都表明，思维主要有以下 6 大品质：

（1）敏捷性：即思考问题、解决问题的速度，反映学生思维的概括程度、内化和简化的水平。

（2）灵活性：即思考问题、解决问题的随机应变程度，反映学生思维是否善于灵活迁移，触类旁通，举一反三，求异发散。

（3）广阔性：即思路广阔，从多角度考虑问题，反映学生见识广，知识面宽，思路开放，能旁征博引。

（4）深刻性：即思考问题的深度，反映学生思维由浅入深，由表及里，深入探究，不浮光掠影。

（5）独立性：即思考问题的独创性，反映学生思维有不盲从附和，遇事有独立见解，解决问题有独到思路和方法。

（6）批判性：即善于评判地评价别人的思维及其成果，也善于批判地对待自己的思想和成果，反映学生能够评判别人的长处，扬弃别人的短处，还能严格检查自己的思维和成果。这是思维品质中最优异的一种，也是最难培养的一种品质。

2. 掌握学生的思维发展规律：

教师要培养学生的思维，必须掌握并遵循学生的思维发展规律，进行科学的培养。学生随着年龄的增长、身心的发展、知识经验的丰富，其思维也在逐步发展，主要体现在以下 4 个方面：

（1）从思维类型上看，由具体形象思维为主逐步发展到以抽象逻辑思维为主，小学阶段是具体形象思维向抽象逻辑思维过渡的关键时期。

（2）从思维结构上看，由思维结构的萌芽状态逐渐向具备人类思维的整体结构上发展，而且不断完善和发展。

（3）从思维的形式和基本过程看，抽象、概括、分析和综合、具体化和系统化等基本过程逐步得到发展，特别是作为思维"细胞"的概念，从生活经验性的概念逐渐深化为科学概念，而且字句概念、数字符号概念也日益丰富，不断系统化。

（4）从思维品质上看，其敏捷性、灵活性、广阔性、深刻性、独立性和批判性都不同程度地得到提高，特别是作为智力发展主要标志之一的推理能力，在小学阶段，直接推理逐步发展、间接推理的逻辑性和自觉性逐渐加强，演绎推理、归纳推理和类比推理越来越向高级水平发展。

3. 培养适合于学生特点的思维品质：

教师应根据学生的思维发展特点，遵循学生思维活动及其发展规律，有目地地培养学生的思维能力，下面介绍几种培养策略，仅供参考。

（1）扩展学生的活动空间，积累生活经验：教师应有意识地利用双休日、节假日，带领学生走出家门，到社会、大自然中去，引导学生观察社会、体验生活，扩展他们的生活空间，并积累大量的生活经验，以作为学生思维的材料，让学生在生活观察中形成大量的日常概念，为今后学校教育中的科学概念的掌握奠定良好的基础。

（2）丰富学生的词汇，掌握科学概念：语言是思维的外壳，更是表述科学概念的唯一工具，是发展人的思维的概括性和深刻性的基础性载体。教师在与学生交往中应有意识地多注意培养学生的言语表达能力，把具体、生动、形象、直观的事物与学生所掌握的日常概念有机地联系起来，并有意识地上升到科学概念的层次，引导学生进行抽象思维。例如，带学生去菜场买鱼时，可教学生"鱼"的概念。先专门让学生观察各种各样的淡水鱼，如鲤鱼、鲫鱼、草鱼等；再让学生观察海里的鱼，如带鱼、黄鱼等，给学生讲清楚其中的异同，最后总结出鱼的科学概念。这样，使学生逐渐掌握科学概念，从而提高自己的科学思维品质。

（3）创设问题情景，激发学生的思维：解决问题是人类思维的一种普遍的表现形式，人的心理活动的智慧性、创造性突出地表现在解决问题上。所谓问题情景是指需要利用一定的概念、规则和方法达到既定目标的刺激情景。教师应经常把学生看成是问题解决者，因为，解决问题的过程是最好的"思维体操"，所以，教师要特别重视创设学生各种各样的问题情景，以疑促思，激发学生思维的积极性。

（4）善于启发诱导，提高学生的思维品质：教师根据学生思维的特点，着重启发诱导学生从形象思维向抽象思维过渡，促使学生加深对事物的理解，提高判断、推理能力。教师可以结合学生的实际情况，通过以下 4 种方法加强对学生的思维训练：

①学用举一反三的方法：即要求学生根据对一种事物的认识，尽可能多地说出同类事物，使学生由具体的个别事物扩展到一般的同类事物。

②学用分类的方法：即要求学生根据事物的特征，如形态、用途、颜色等，将事物分类。

③学用比较的方法：即要求学生比较事物的异同，诸如利用家具，要求学生比较桌子、椅子、床的异同等。

④学用"头脑风暴"的方法：即要求学生在解决某一问题或说出某一事物用途时，能一题多解、一物多用，尽可能地多想出一些方法来丰富思维的广度，从而提高学生思维的独特性和灵活性。

五、如何指导学生使用参考书

为了提高学生的自学能力，教师应向学生介绍一定数量的、内容适当的参考书，并对学生如何使用参考书加以指导。

（1）要使学生明白，参考书毕竟只能起到参考的作用，再好的参考书也不能取代课本，正确使用参考书的做法应是用参考书来帮助自己读好教科书。

（2）针对某一本较好的参考书，教师应向学生说明结合课本的哪一部分参阅参考书的什么内容，还应指导学生怎样去读这些内容。

（3）结合教学要求，应向学生指出参考书的哪些部分与课程内容无关，哪些内容虽与课程内容有关但所述内容过深、过浅或内容不当。

（4）对于参考书所列出的例题和习题，选其有典型意义、启发作用较突出的要求学生详阅或详解，而对其余的则只要求学生泛读，有些过深、过难的题目可明确要求学生不读、不解。

（5）指导学生在阅读参考书后做读书摘记，将参考价值较大、启发联想作用较广、解题思路较灵活的内容适当地摘引、整理，补充到教材的有关部分中去。有条件的，还可组织学生讨论、交流读参考书的心得体会。

（6）对于个别基础较扎实、钻研心强、有一定自学能力的学生还可以个别指导他阅读教师指定的参考书，以提高其知识水平，或为他提供解答某些疑难问题的线索。

六、如何对学生进行时事教育

时事教育就是指对学生进行国际、国内形势教育。时事教育可以帮助学生认识中国、了解世界，激励学生认真学习，树立为国家、为人类做贡献的远大理想。

教师进行时事教育，应该注意几项原则：一是时事教育材料的客观性原则。在进行时事教育时，所选的材料一定要客观全面，切不可一味地介绍社会生活中积极的一面或消极的一面。学生一经发现时事教育材料不真实，就会失去学习的兴趣，影响时事教育的效果。二是教师在时事教育中的主导性原则。时事教育归根到底是一种品德教育、世界观教育，应属于学校教育范畴，所以教师仍要起主导作用。要通过教育让学生学会分析形势、认识社会、寻求规律的一些方法，取得一些正确的看法。三是时事教育的活动性原则。时事教育不应该是说教教育，教师应该利用各种机会组织学生参加各种各样的社会实践活动，在活动中培养成学生分析问题、分析形势的能力和关心国内外大事的社会责任感。

时事教育的方式是多种多样的。可以利用广播、电视、报纸、期刊等新闻媒介，对学生进行时事教育，也可以组织其他时事学习活动，比如，举行时事报告会、出时事专题板报、进行时事知识测验等。总之，时事教育要组织得活泼多样，难易结合，逐步掌握认识世界的思维方法。

七、如何培养学生的学习兴趣

兴趣是人对客观事物的一种积极的认识倾向，是一种复杂的个性品质，它推动人去探求新知，发展新能力。对学生学习兴趣的培养，可从以下几方面入手。

（1）教师兴趣的影响。要培养学生的学习兴趣，教师本人必须对教学内容有浓厚的兴趣。

（2）要善于创设和利用"问题情境"，设置悬念，激起学生的求知欲。这是调动学生学习积极性，激发学生学习兴趣的一种重要手段。

（3）教学要求要难易适当。新的教学内容同学生原来的知识要有联系，而且是学生能够学会的，但要学会必须克服一定的困难，此时学生的兴趣最大。教学内容过易或过难，都不能引起学生的兴趣。

（4）注意学生的年龄特征。不同年龄的学生，对学习的兴趣也不同，所以要区别对待。

（5）及时肯定学生的成绩。当学生学习取得成绩时，教师应给予肯定，特别是对那些学习成绩一直不好，有厌学情绪的学生，这种肯定和鼓励更应及时。及时的肯定可以使学生得到成功后的满足，促使他们产生继续学习的愿望和动力。随着学习成绩的不断提高，学习的动力越来越大，兴趣也就越来越浓厚。

（6）建立良好的师生关系。在良好的师生关系下，教师以愉快、友好的态度指导学生的学习活动，形成一种融洽的合作式的气氛，使学生在教师面前不感到紧张和压抑，有问题敢提，有话敢说，并能充分地就学习问题展开讨论，发表看法，这样学生对教师就会产生亲近感，并对这门学科本身和教学过程产生兴趣。

八、如何引导学生制定学习计划

时间对于每一个学生来说，都是一个常数，对每个学生都是平等的。如果说利用充分了，那么时间的价值也就得到了充分的体现；如果任意地挥霍和浪费，时间的价值就会非常小。

学生在读小学、初中的时候，所学的知识相对比较简单，只要用功就可能取得较好的成绩。可到了高中就不一样了，高中所学的知识面很广，灵活性增强了，深度和难度也加大了，所以不制定自己的学习计划，再沿用原来的一套学习方法就会觉得分身乏术。但是现在的高中生（尤其是高一学生）恰恰忽视了这一点，以致不能很好地完成从初中到高中阶段学习上的过渡。

有人曾经就高中生制定自学计划的能力做过一个调查，结果发现：有作息表的人只占21.2%，有周计划的人只占17.39%，拥有并实行读书计划的人只占20.63%。高中学生制定学习计划的人数比较少，一方面是由于高中学习比较紧张，学生怕制定了也难以照计划执行；另一方面可能是教师和家长对此重视不够，缺乏正确引导。有的家长认为，学生有没有学习计划是学校里的事，老师会指导的。其实，家长比别人更加了解自己的孩子，更应该指导孩子制定适合孩子自身特点的学习计划。家长在指导时要注意以下几方面问题：

1. 根据孩子一星期内的学习能力波动周期来引导其制定学习计划：

每个人在一周中每天的学习能力不尽相同。在一周里，孩子经过星期天的休息（双休日给学生补课的除外），疲劳消失，但由于神经细胞和机体的其他组织一样具有惰性，需要一段时间才能克服。所以，一般星期一的学习能力并没有达到最高，星期二才升高，高峰维持到星期三或星期四，以后逐渐下降。因此，在制定学习计划时，星期五、星期六应安排较轻的学习任务，星期一的学习任务也不宜太重。研究表明，这样可以提高孩子下半周的学习能力。有的家长望子成龙心切，为自己的孩子购买了许多参考书、习题集、模拟考试卷，孩子平时已经够累的了，在学校里要做家长布置的作业，回到家里还要做教师布置的家庭作业，往往连星期天也不放过，还要孩子参加什么补习班、家教之类的学习，搞得孩子连休息的时间都没有了。心理学家研究表明，过度利用大脑，会使大脑由兴奋状态转入抑制状态，会对学习带来不利的影响。这样，一周来的疲劳不能及时消除，不但会影响下一周的学习效率，长此以往，还会发展为过度疲劳，甚至神经衰弱。基于以上认识，学习计划的安排应当科学合理，执行应当严格，以便形成一周的学习能力波动周期，这一点对于预防学习疲劳和提高学习效率也很重要。

2. 根据不同学科的类型安排学习计划：

科学研究表明，各学科对学生所产生的疲劳值是不同的，按照疲劳值的大小排序是：数学第一，体育与数学基本相同；其次是物理、化学、语文、历史、地理；再次是音乐、美术、实验等技能学科。一般认为，在安排学习计划时，不同疲劳值的学科最好交叉进行，若是各学科时间安排不当，困难的学科相继排列，则容易使学生陷入高度疲劳之中。制定学习计划时，把文理科穿插起来复习比较好，这样大脑皮层的神经细胞就不仅不会疲劳，且还会有相互促进的作用。

3. 根据学生的生理、心理变化规律等具体情况，有针对性地制定学习计划：

教师要教会学生制定科学的时间表，保证学习计划的实施。时间安排得是否合理科学是决定计划实施效果的决定性因素。首先，要根据学生的特点安排时间。一般来说，学生早晨起来头脑比较清醒，可以让他记忆一些外语单词和古诗词的内容。双休日早晨复习大约一小时的功课，把一周所学的内容整理巩固一下……总之，什么时候做什么都要尽量固定，使学生的学习生活进入有规律的状态；其次，要求学生规定学习的定额。也就是说，要在限定的时间内完成一定量的学习任务。例如每天记5个英语单词，花5分钟预习第二天要学的内容，做10道练习题等。做这样一种规定可以让学生制定一个明确的学习目标，也会造成一种压力，促使学生集中精力，积极努力地完成所规定的学习任务。当然，到了高中阶段，大部分学生的学习自觉性都有所提高，就不要让父母总是督促他们了，否则会使其产生一种逆反心理。再次，要教会学生处理好整段时间和零星时间的关系。一般情况下，零星时间是浪费的，如果学生能设法利用这些零星时间，那么，他们的时间可利用率会大大提高。要让学生明白，整段的学习时间可以用来安排持续时间长、思维负担重的学习内容，如每天的放学后和休假日，可以作系统复习、完成批量作业。零星时间可以安排一些以记忆为主、时间要求不多的学习任务，如中午休息时看些参考书，上学途中记几个英语单词、词组，睡觉前回顾一下一天的学习内容，散步时打作文腹稿等。

4. 教师一定要保证学生的睡眠时间：休息可以使疲劳得到消除，这是由于身体活动所消耗的物质在休息的过程中，可以由平缓的呼吸和营养得到补充。关于休息与消除疲劳、恢复精力的时间关系问题，日本心理学家田中宽一的研究表明，如果作业时间以数学基数增加，则恢复精力所需要的时间以几何基数增加。如半小时作业需要 10 分钟休息，则一小时作业需要 20 分钟休息。睡眠作为有机体的一种保护性机能，它不但可以消除学生一天的疲劳，也是学生身心发育的必要条件。科研表明，一个健康的人，如果不吃饭，可以活 7 天，但是如果不睡觉只能活 4 天，由此可见睡眠对人的重要作用。所以，教师在引导学生制定学习计划时，不要只重视学习而忽视了学生的睡眠与休息。睡眠时间的长短虽然因人而异，但它与学生的年龄仍有一定的关系。

九、如何对待沉默寡言的学生

心理学家根据心理活动倾向于外部还是内部，将性格分为外倾型和内倾型两大类。内倾型的人，心理活动倾向于内部，又称之为内向，一般表现为孤僻、安静、处事谨慎、反应缓慢、交际面狭窄等。班集体中性格内向的学生常常表现为：沉默寡言，独来独往，遵守纪律，学习较为努力，不愿意与同学合作，不愿意与他人交换意见，不愿意参加集体活动等。

青少年性格主要是通过长期的学习生活实践，在外界生活条件和个人的心理活动相互作用下形成的，具有可塑性。内向性格具有两面性：积极的一面对学生来讲，是比较能够静心从事学习活动，有助于学习成功，而学习上的成功又能增强学习的信心，得到情感的满足，于是产生良好的心境，使其对未来的学习提出更高的要求，确立更远大志向，学习更加勤奋努力，进而促进开朗、乐观和积极进取的性格发展；内向性格消极的一面，是会导致颓丧、恐惧、退缩、羞怯等情绪体验，久而久之，会加强消沉、悲观、自卑、厌世等不良的性格特征。

教师对内向性格的同学，要培养他们交际的自信心，可以进行个别谈话，使其扬弃不符合社会要求的性格品质，形成符合社会要求的性格品质。

在教学中如何正确使用板书

恰当而合理的板书，不仅有助于教师的"教"，更有助于学生的"学"。它可起到开拓学生思路、改进学生学习方法的作用。板书是帮助学生记忆和巩固新知识、加强教学效果、提高课堂教学质量的重要手段。因此，教师要重视用好板书。

1. 精心设计

教师在备课时，特别要对板书的内容、形式、版面安排，以及板书的时间、写法、用法等进行悉心的思索，精心设计出有严密的科学性、清晰的条理性、明确的针对性的板书，摒弃那种随心所欲、杂乱无章的板书。

2. 合理安排

备课时精心设计板书之后，上课时要灵活运用，合理掌握板书的时间，还要能随时根据教学进程中出现的新情况做出相应的更改。

3. 指导学生用板书

板书的设计和运用，虽然应当充分发挥教师的主导作用，但也要注意体现以学生为主体的原则。为了更好地发挥板书的重要作用，调动学生的积极性，使教与学更紧密地结合起来，要注意指导学生运用板书并积极参与课堂板书。

板书，从广义来说，不仅包括文字书写，还应包含绘制在黑板上的各种图画和图表等内容。对教师板书的基本要求是：

1. 工整、流畅

教师应尽量做到能写善画。板书的字体、字形要工整、流畅，富有美感。

2. 注意系统性、科学性

一般说来，板书有正、副之分。正板书往往是讲授提纲，即所讲教材的纲目和要点，通常是写在黑板的一侧；副板书是教师在讲解过程中，在黑板上书写的一些生字词、各种名词、年代、数据、简表等等，它们起着辅助正板书和加深学生印象的作用，通常是书写在黑板的另一侧。正副板书要分写，尤其是正板书要写得层次条理清楚，富有科学性和系统性。

3. 书写量要适当

有的教师讲一节课不在黑板上写一个字，这无异于放弃了一种有效的教学手段。也有的教师一节课内板书过多，一写就是几黑板，学生为记笔记忙得不可开交，顾了写，顾不了听；顾了听，顾不了写，这样做也不利于学生的积极思维，教学效果也不好。因此，板书一定要适量。

4. 有利于保护学生视力

从爱护学生的视力出发，教师板书字体的大小，书写的次序、位置，都应事先多多考虑，应以全班同学都能看清为宜。板书字体不宜写得太小，也不宜经常写在黑板反光的位置上。

教师须注意的仪表行为风度

一、教师的外部形象

所谓的外部形象，主要是就其外部表现形态而言的。构成此系统的基本方面应是：

（1）行为习惯的准则——社会伦理道德和社会生活规范。师是社会的教师，是一定历史范畴中的社会角色；任何社会角色都必须自觉地将自己制约于一定的社会伦理道德和社会生活规范之中；在社会伦理道德所统辖的风俗、习惯、礼仪、时尚和社会生活规范所涉及的规章、制度、纪律及守则方面成为"模特儿"。比如习俗，它是人们在集体生活中逐渐形成并共同遵守的东西，是人类生活中最早产生的一种社会行为规范，人人都得遵守，教师要带头。再如纪律，它是国家机关或社会团体为自己的成员规定的行为准则；国家和社会往往以此要求教师、量度教师，教师又往往以此要求学生、量度学生，正己方能正人，在尽职尽责于历史使命中，教师能不经常在这方面做出样子吗？

（2）个性心理的外露形式——活跃、轻快。重要的是要有良好的兴趣爱好。兴趣爱好范围狭窄的人，个性的发展，认识事物的能力，都会受到影响；兴趣爱好范围宽广的人，会经常关注和研究许多新问题，从而开扩眼界，学会和掌握更多的文化科学知识，提高自己的各种能力。教师是期冀自己的学生都有广泛的兴趣爱好的，许多教师也确实在不惮辛苦地做着这方面的工作。既然如此，我们有何理由不来个"身先士卒"，不来个"以我为范"？我们有何理由不在对天文地理、琴棋书画和古今中外等等知识的摄取中来个率先行动？其次，保持正常的外显情绪；或出或入，全部情绪应由平静、审慎、深思、坦然、和蔼、乐观所占有；全部信心和力量应由洒脱、微笑、镇定自若来显示。既不要因为遇到了顺境或获得了成功而难以自制，给人以轻浮浅薄之感；又不要因为遭到了不幸或失败而精神不振，忧心忡忡，给学生以脆弱的印象。

（3）日常生活的趋向——恪守社会性、科学性原则。这里主要讲仪表问题，主要是说装束、打扮、服饰、发型等要求问题。按照教师这个特殊角色，学生极易"以衣貌取人"。因此教师的装束服饰需要特别检点。颜色不宜太艳，款式不可过时髦。教师给人的感觉只能是大方、文雅和庄重。他的风度，不能用奇装异服来表示；他的姿态，不能寄希望于朦胧轻纱的修饰。有人讲了"六字格"，即：

第一，和谐，合体合色。衣不合体，布料再体面，款式再新颖，色调再流行，也叫"东施效颦"，谈不上和谐。

第二，统一，衣帽、鞋，基调一致。一半西，一半中，一半古，一半今，半身红艳半身绿，半身紫色半身黄，对比强烈，俗不可耐，使人看了不舒服。

第三，习惯，民族有民族的习惯，区域有区域的习惯，季节有季节的习惯，随乡入俗就好；"独树一帜"，容易引起非议。

发型，亦很能表现一个人的精神风貌，教师留发也要因情而定。老年：或蓄太平头，以示精神不减，或留大背式，以示气质不凡；中年：或理高平头，或剪小分头，以示精明灵活；青年：或留青年式，或成松散状，以示利落果敢。女同志的烫、梳辫、髻，首先要考虑的也是年龄、脸型和体型。

二、教师的仪表印象

在过去一段较长的时间内，学校的领导者往往不敢或很少向教师提出仪表上的要求，究其原因，一是怕有人批评是资产阶级的标准；二是认为教师的仪表、衣着等是无关紧要的事。我们应该认识到，一个人留给他人的仪表印象对他人的心理会产生重大的影响，一个教师留给学生的仪表印象的好坏与否，在教育中有着重要作用。

一个人的仪表特别是外貌对他人的心理有何影响，社会心理学家做过不少研究。在一项研究中，卡雷·戴恩和她的同事给大学生们看三个大学生的照片，其中一个外貌有吸引力，一个相貌一般，还有一个无吸引力，然后要他们对这三个人在人格上做出评价，并估计他们的未来是否幸福，好的评价和最合人意、最幸福的预言都落在外貌有吸引力的人身上。美国著名心理学家阿伦森等在一次实验中，选择一位天生美丽的妇女，让其扮成临床心理学研究生，给男大学生们的个性做临床评议，当这位妇女在打扮得很不得体、无吸引力的条件下，被试的大学生们似乎不关心她给予自己评价的好坏与否，然而当她打扮得十分漂亮、出众时，得到好评价的大学生们很喜爱她，得到不好评价的男大学生们表示愿再来参加实验，以促使她改变对自己的评价。

上述两个实验结果表明，外形美是人与人互相吸引的一个重要因素，一个人的外貌影响着人们对他（她）的评价，同时一个人的外貌也不同程度地影响着人们。

教育心理学的研究也同样表明："教师的仪容体态，对学生的心理有一定的影响，特别对幼儿园、小学、中学学生影响较大。教师仪容不整，反映精神面貌不佳；奇装异服，也有损严肃端庄，都不利于教育工作。只有仪表大方、衣着整洁、朴素，才能引起学生的尊重和好感。"因此，一个教师在仪容体态方面给学生印象的好坏与否，是影响教师能否引起学生的尊重和好感、能否在学生中获得威信的重要因素之一。心理学有关研究还表明，一个教师的威信又影响着他的教育效果，即一个教师在学生中威信越高，他的教育效果一般就会越好。所以，一个教师仪容体态给学生印象的好坏与否，又直接影响着他对学生的教育效果。如一个教师若不修边幅，不仅不易得到学生的尊重和好感，而且学生对他的批评或表扬往往也采用不以为然的态度。

上述分析说明，要求教师注意自己的仪容体态，绝不是什么"资产阶级的标准"，而是学校教育工作中每位教师不可忽略的问题。因此，教师应十分注意自己的仪表，力求留给学生良好的整体形象。这里略提几个注意事项：

（1）注意衣着打扮，一个人的衣着打扮，是仪表的一部分，衣着打扮如何，自然影响仪表美。教师的衣着打扮，一要考虑得体，即适合教师的职业特点、适合教师的身份，过分要求"清一色"的灰、蓝、黑衣着，会显得呆板、死气沉沉，但奇装异服或不伦不类，又会有损严肃端庄，教师的衣着打扮应留给学生既朴素又美观大方的良好印象；二是要考虑合体，即要适合于教师的性别、年龄、长相、身体等方面特点，不同性别、不同年龄教师的衣着应各有特点，不必整齐划一。而且衣着打扮还要考虑自己的长相、身材特点，决不可赶时髦，如女同志烫发后，由于头发蓬起，头部比原来要显得大些，这对头小身材高、苗条的人来说，自然显得俊美，而对头大身材矮的人来说，头部显得更大，反而不美。

（2）讲究个人卫生，个人卫生，是仪表美的重要标志之一。一个教师能否讲究个人卫生，将直接影响着他在学生心目中的仪表印象的好坏。前苏联教育家马卡连柯认为："无论学校或教育机关的教师或其他工作人员，都必须要求衣服整洁，头发和胡子都要弄得像样，鞋袜洁净，双手清洁，修好指甲和经常备有手帕。"

因此，一个教师要常洗澡、常剪指甲、常理发、常换洗衣服，男教师不宜留长发和蓄胡子。教师上课前应梳头，整理一下衣服，整洁能给人以愉快的感受，教师应留给学生仪表整洁的良好印象。

（3）注意举止风度，一个教师的形象，不仅表现在他的容貌、衣着上，还表现在他的举止、谈吐、表情、态度上。这些仪表风度反映出一个教师的思想情操、意志、品德、人格、学识水平等，也是教师心灵美的主要标志。马卡连柯说："教育工作人员和学生一样，需要说话的时候才说话，需要说多少就说多少，不能随便靠在墙上和伏在桌上，不躺在沙发上，不随地吐痰，不抛掷烟头。"因此，为留给学生良好的仪表印象，一个教师，还应注意自己的举止风度，应使自己的举止庄重大方、谈吐文雅、富有表情、神态自然、待人亲切和蔼。

这里要指出的是，一个人的外表修饰和言行举止特征，必须受到其内在素质的制约，因此，最根本的是要注意提高自己思想、道德、文化等方面的修养。

三、教师的仪表行为

1. 仪表行为

所谓仪表行为，是指人在一定的思想情操的支配下所表现出来的外在的气质风范（包括容貌、姿态、风度等）和行为活动。通常来说，一定的仪表行为具有一定的典范性和表率作用，是人的内在的心灵美和外在的仪表美、行为美的和谐统一。因此，仪表行为所体现的内容主要包括两个方面：一是直接表现人的外在美。人的外在的风度气质与行为活动是外表美的最好体现，它是在一定的内在的思想道德文化素养的基础上，在较长时间的社会活动中逐渐形成的，主要通过人的容貌姿态、言谈举止和穿着打扮等反映出来。气质风度是外在美的最高层次与体现。二是反映人的内在美。内在美即我们通常所说的心灵美，它是人的一切美感中最本质的东西，是一定的思想道德情操及文化素养的最好体现。它通过人的外在的言谈举止、仪容笑貌透露出来，是外在美的本质与灵魂。一般来说，一定的内在的品质与情操规定着外在的风度与气质，一定的外在的风度气质与行为活动也表现透露着一定的内在的品质与情操。内在的品质与情操（即内在美）是源，是根本；外在的风度气质与行为活动是流，是内在美的外化与具体形式的体现。二者是互相联系的、和谐的、统一的。但由于各种因素的复杂性，内在美与外在表现之间往往要受到审美价值和某些其他因素的影响、干扰与制约，使二者有时又具有不一致性。突出地表现在：有的人内在的思想情操、道德境界与品质素养也具有良好的文化知识素养，甚至在这些方面积淀深厚，造诣颇深，但他们却并不一定都表现出具有良好的仪表行为水准与风貌。有的或工于自身的内在修养，疏于外表，有的或埋头致力于自己所醉心的事业，无暇旁顾；当然也有的以清高自居，不屑于表现一些相应的外在的仪表行为。也有的人正好与此相反，衣着考究、仪表堂堂、风度潇洒、气宇不凡，很有些正人君子的味道，却道德败坏、知识贫乏、思想庸俗、品格低下，空有一副漂亮的外表，追求的是低级趣味的东西。可见，外在的美虽然受到内在的美的规定与制约，但其自身有时也具一定的相对独立性，并非完全都能为内在美所规定，也并非都能准确地反映、揭示出内在的品质情操。认为只要有了良好的内在品格素养与高尚的思想情操就一定会产生与之相适应的良好的仪表行为是片面的。同样，认为凡是有了良好的仪表风度就一定会有与之相适应的内在美的依托，同样是不完全切合实际的。因此，服从于不同的目的要求，为了达到仪表行为的内外统一、神兼形备，对仪表行为做出一定的规范是很有必要的。

2. 教师的仪表行为

所谓的教师的仪表行为，指的是教师在一定的教师职业道德的支配下所表现出来的教师这一职业所特有的气质风范及育人活动。以教育者来说，教师的仪表行为具有示范与样板的作用。是他们学习、向往的典范与榜样。教师的仪表行为是教师的内在品格素养与外在气质表现的有机统一。由于社会分工的不同，社会形成了不同的职业集团，不同的职业集团具有不同的职业习惯与特征。一定职业的特点规定了操同一职业的人群具有大致相同的职业素质、爱好与风格内容。甚至在思想方法、审美情趣等方面，由于共同的职业习惯，也都有了近似或相通之处。这些具有共同的职业特征的人们形成了一个相对独立的职业群体。就教师职业来说，虽然现实生活中的教师的仪表行为因人而异、千姿百态，具有一定的个性习惯特征，不少方面彼此之间也还都存在着这样或那样的差别，但从整体上来说，相应教育层次上的教师的文化素质、个人修养、知识结构层次，乃至思想意识、道德水平及价值观念等，基本上相似，有所相通，在长期的教学实践中形成了自己职业内部的共同的职业道德习惯，有着以教书育人为目的共同的仪表行为特征。教师属于有知识、有文化的知识分子阶层，睿智、谦和、含蓄、真诚、仪态端庄、文雅大方，这是为人师表的职业仪表行为特征。一个真正的教师，大都具有较高的文化素养与深厚的专业知识积淀，职业的特点要求他们头脑敏锐、思维活跃，有灵活机智的思辨能力与分析问题处理问题的能力；同时，课堂内外随时都可能要应付与处理千姿百态的突发性提问，这就要求教师必须具备睿智这一职业素质。谦和、含蓄、热情、诚恳、待人彬彬有礼、文明礼貌，则更是教师的自身素养的体现与垂范于受教育者的美德。长期的教学生活大都使教师形成了良好的道德风范与习惯，他们尊重知识、尊重他人、崇尚进取、不尚空谈。言谈举止，特别注意谦虚谨慎、虚怀若谷、诚以待人，很少愿意表现自己。职业的要求还使教师处处注意言传身教，注意以自己的实际行动去影响、带动和教育学生，美化他们的心灵。至于仪表端庄、文雅大方，更是教师沉稳持重、气度优雅的体现与要求，也是一个教师的良好的职业形象所必备的风范。因此，教师的仪表行为要求教师不仅要具备常人所具有的仪表行为，而且还要具有教师的职业所特有的职业的仪表行为习惯、道德品格，以及良好的为人师表的思想情操，呈现给受教育者一个完美的内在美与外在美兼备的教师形象。教师的风度是教师仪表行为的核心。风度是外在的衣饰容貌、言谈举止所反映出来的仪态或风姿，与内在的品格情操和精神风貌所形成的风采或风格的和谐统一。因此，教师的风度的展现，首先要求教师的内在美与外在美要和谐一致。所展现出的教师的风度要具有教师的职业习惯特点，是教师的风姿与风采的统一。尽管如此，和其他职业相比较而言，教师的职业特点历史地规定了以教书育人为目的的教师的形象风度，更多地偏重于内在的操行修养、人格的完善。内在美在教师职业道德的审美过程中，相对来说起着决定性作用。所以展现内在美的外在仪表风度，便不能仅仅指一定的容貌姿态、衣着服饰，主要的是指能够展现内在的心灵美的气度，是内在的心灵美的外在的自然呈现与流露。一个人可能无法选择他的五官外貌，但却可以通过努力使自己的心灵更美一些，从内在美中得到弥补。对一个教师来说，也同样如此。一个有责任感的教师，纵然没有漂亮的外貌、美丽的打扮，但只要能在教师的职业仪表行为要求下，树立起高尚的为人师表意识，也同样能以自己的内在气质和美好的心灵影响、感染、打动受教育者，使受教育者从中得到教益与启迪。那么，他的形象、他的气质风范也同样是美好的，同样是高大而又令人尊敬的。反之，如果一个教师徒有虚表，胸无点墨而又缺少高尚的道德情操，刻意于外表的梳妆打扮，却疏于心灵美的塑造，则不仅不能较好地对受教育者起到示范、表率的作用，与教师的教书育人的目的宗旨大异，而且还有可能引起意想不到的逆向效果，直接偏离了我们真正的、主要的教育目标与育人宗旨。其次，教师的风度不仅要求内在美与外在美的和谐统一，而且还要求教师要具有一定的良好的个性美。教师的风度是个性美和共性美的统一。"美就是性格"，一定的个性美也有助于呈现出自身的独创性与不同凡响，有助于产生独具魅力的感染力与摄人心魄的力量。

教师的职业特点要求教师的仪表行为既要注重外在美，更要注重内在的心灵美，注意陶冶自己的情操。内外美的和谐统一，才是完整的美、真正的美，才能使仪表、行为光彩照人。

四、教师的仪表行为规范

所谓教师的仪表行为规范，指的是在一定的教师职业道德的支配下，对教师的仪表行为所制定的某些标准或做出的某些规定。这些标准或规定对教师的仪表行为具有普遍的指导意义。教师是人类灵魂的工程师，他的一举一动都处在受教育者的严密监督下。国家和人民把这些祖国的希望托付给教师来培养造就，需要教师传授的不仅仅是知识，更重要的是还要塑造他们的心灵，既教书，又育人。育人的首要一条对教师来说，就是要率先示范，自己首先要用自己的模范行为去带动、影响、感染受教育者。教师自己不仅仅是知识与智慧的化身与传播者，而且还要是美的化身、文明的传播者。教师的一言一行、一举一动、音容笑貌、服饰装扮，所有的这些仪表行为，无不打上教育的烙印。它不仅反映了一个教师的风度气质、精神面貌，而且也代表了一个教师要以什么样的风范姿态去影响带动受教育者。当教师接触到这些受教育者时，他的所有的这些仪表行为也就开始随着教师的知识传授过程一道参与了教书育人的全过程。这时，教师的仪表行为不仅会给学生留下深刻的印象，而且也直接地影响到了受教育者的情操陶冶、行为习惯等，触及到灵魂深处，产生潜移默化、耳濡目染的影响。正如著名的教育家加里宁所说的那样："教师的世界观、他的品行、他的生活、他对每一现象的态度，都这样那样地影响着全体学生，可以大胆地说，如果教师很有威信，那么这个教师的影响就会在某些学生身上永远留下痕迹。正因为如此，一个教师也必须好好检点自己，他应该感到，他的一举一动都处在最严格的监督下，世界上任何人也没有受过这样严格的监督。"因此，教师的仪表行为如何，影响到了教书育人的效果。为了给受教育者留下更美好的形象，获得更多的教益，我们必须要对教师的仪表行为进行适当的规范。教师的仪表行为规范，主要体现在以下几方面：

1. 教师的仪表行为要以学生的欣赏水平为前提

教师往往是受教育者心中崇拜的偶像，受教育者对教师的言行举止、服饰打扮往往都是观察得至细至微，甚至是明察秋毫。教师的仪表行为的每一点变化，都逃不过受教育者的眼睛。教师就是这样通过自己的言传身教，潜移默化地影响着受教育者。因此，教师的仪表行为的教育力量是巨大的。作为一名教师，就必须要慎重地把自己的仪表行为调整到符合受教育者的欣赏水平上，对他们施以良好的影响。教师必须在为人师表的宗旨下，服饰打扮整洁朴实、美观大方，充分地把自己的审美观点和精神风貌呈现给学生；言行举止，应谨慎谦和、文明礼貌；为人应热情真诚、落落大方，给学生树立一个既值得尊敬，又和蔼可亲的形象。一个成功的教师，往往都是十分注意自己的仪表行为是否符合育人的目的要求，坐姿、站态、眼神、表情、手势，每一个动作都要照顾到它的潜在的影响，既温文尔雅，又贴切得体。

2. 教师的仪表行为要与自己的性格特点相得益彰

不同的人有不同的性格特点，有不同的举止言谈风格，也就具有不同的气质风度。因此，教师在自身仪表行为的塑造中，需要充分地考虑到自己的性格特征，从实际出发，扬长避短，努力创造具有自己特点的、鲜明的个性风度。这种对具有自己个性特点的风度的追求，并不等于一味盲目地追求新奇时髦、刻意猎奇，以为这就是自己个性特点的最好体现，以为只有这样才能使自己显得不同凡响，才具有个性。我们讲的教师的仪表行为要与自己的性格特点相吻合，是说教师的仪表行为要符合并能体现出教师的个性，而不是不顾自己特点地盲从他人、亦步亦趋，给人以矫揉造作之感。

3. 教师的仪表行为符合自己的年龄特点

教师的职业特点规定了教师在不同的受教育者面前，既要有纯真无邪的赤诚的童心，又要有沉稳持重的师长的成熟，更要有博大精深的渊博的知识，以及崇高向上的精神境界。但教师的仪表行为由于受到年龄特点的影响，表现出一定的年龄阶段特征。青年教师富有朝气、充满活力，仪表修饰上富有新颖活泼的特征；中年教师年富力强、步履矫健，仪表修饰上往往富有成熟稳健的特征；老年教师德高望重、广识博见，仪表修饰上亦常常透露出严谨、庄重的风格特征。同时，在言行举止上，不同年龄段的人更具有鲜明的个性特点。这就要求教师的仪表行为要相应地适合自己的年龄特点，以期展现独具的神采。

4. 教师的仪表行为要与课堂教学的情调相适应

教师仪表行为的总体要求是要持重、安谧、沉稳、协调。不分散学生的注意力。但由于不同的学科，可根据具体的教学内容来安排授课气氛、情调，以便更有效地调动各方面因素传情达意、相互辉映，使其能更好地与原内容保持审美情趣上的一致。着装上不宜穿着花枝招展、奇俏浓艳的服饰。

言谈举止的表情达意亦不宜激越上扬，宜保持与之相应的气氛、情调。反之，当教师讲授像《秋色赋》这样一类节奏明快、活泼的内容时，仪表行为就可以欢快、洒脱的格调与之相衬。教师的仪表行为规范是教师的仪表行为各要素间以及与教师自身个性特点间的相互协调。教师的仪表行为美是使受教育者从中获得教益，感受到一定的意志、修养与力量的具体的美。

五、教师仪表行为规范的特点

一定的仪表行为是教师的教学活动中必不可少的一部分。根据教师工作的职业特点而提出的教师仪表行为规范，具有以下几方面的特点：

1. 直接性与间接性的特点

教师的仪表行为可以直接地作用于受教育者。其表现在具体的动作、手势、表情、姿态、行为及言谈等方面上，具有可以直接地向受教育者提供信息的特点。这又主要反映在受教育者所熟知的一些表示肯定或否定、排斥或接纳等一些不需要任何中间环节的表情动作之中。教师的每一句话，每一个举动，喜怒哀乐，无不直接作用于受教育者，并对受教育者产生相应的影响。

当一位教师容光焕发、精神抖擞地出现在课堂上的时候，他所引起的一个很重要的现象是：受教育者容易从中受到激发，产生一种兴奋感。这种兴奋感又有助于受教育者在听课的过程中集中精力，认真听讲，从而间接地起到了提高教学效果的作用。同样，一位教师的翩翩风度与奕奕神采，也能恰到好处地获得这种教学效果。反之，如果一位教师漫不经心、愁眉苦脸地踱进课堂，学生从他那儿感受到的就可能会是猜疑的情感和心理的压抑感，从而间接地作用于课堂听课，影响教学效果。

2. 辅助性的特点

教师的教学活动是要把自己的知识与思想传达给学生。教师的这一教学活动不仅仅是靠教师的语言这单一的渠道来进行，它需要教师调动各方面的积极因素来配合教学，辅助教学。教师的一举一动，谈吐神情，以及某些具体的体态语言的运用，都可以造成某种课堂气氛，帮助学生更好地理解课堂教学内容。这主要表现在以下几个方面：

（1）像解释课文某一内容或某一言词的意义时，教师可以根据具体情况，利用体态语言传情达意，或是做出相应的姿态，形象传神地把要解说的内容揭示给学生。

（2）描述某一事物的某种特征时，如它的大小、高低、肥瘦等内容，教师可以适时地把这种特征用体态语言表现给学生，以此来配合、辅助自己要讲解的内容。

（3）表现某种特定的情感时，教师可以以相应的外部仪表创造某种与之相协调的气氛，增强教学的感染力与感情力量。教师的授课，当讲到兴奋之处时眉飞色舞，慷慨激昂；讲到愤怒之处时满腔怒火，紧攥拳头，这一切，都会时时打动并感染着受教育者，不仅有利于紧紧吸引住学生的注意力，收到较好的教学效果，而且有利于学生随着教师的情绪渐入佳境，走进课文，更好地陶冶自己的情操。同时，教师在讲授不同的教学内容时，也要针对不同的风格情调，选择好恰当的服饰以辅助环境气氛，更好地表情达意。

（4）一定的动作行为可以作为无声的语言，帮助教师向受教育者发出某一行为信号。教师的手势可以表示开始或结束，或表示某一动作行为的暂时情况。

（5）对学生课堂情况的指导以及课堂偶发事件的恰当处理，体态语言可以较好地帮助教师传递某一信息。一堂严肃认真的授课，当教师的情绪和绝大多数学生的注意力都不宜被打断时，面对个别存在的诸如听课不专心或有其他的一些动作行为等情况，有时往往教师的一个手势或一个眼色就足以起到提醒的效果。既确保了教学的实际效果，把学生的精力都集中到听课上来，又不中断授课，保持了授课内容的连续性，不分散大多数学生的注意力。

（6）授课中出现的某些内容有意未尽达，或只可意会、不可言传的情况，教师的某些外部仪表行为有时可以适当地起到补充的作用。

3. 示范性的特点

教师职业的最大特点与要求，需要教师能够时时注意为人师表，处处以师长的风度气质、品格、情操去带动学生。教师的仪表行为，往往成为受教育者模仿、学习的典范与样板。教师在课内外与受教育者的接触中，他的风范气质与思想情操会自觉或不自觉地感染学生，并被许多学生视为学习的榜样。教师在教学、劳动、思想修养等方面表现出的衣着整洁、举止文雅、知识娴熟、身先士卒、文明礼貌、品行高尚等特点，无疑比"苦口婆心"的空洞说教效果要显著得多。

4. 感染性的特点

"近朱者赤，近墨者黑"这句古语，深刻地揭示了受教育者深受周围的条件因素的影响。教师对于学生来说，既是他们的授课老师，又是他们的为人导师，教师的言行举动无不感染、影响着学生。不论教师课堂上的意气风发、昂扬向上的风格，还是教师的侃侃而谈、犀利雄辩时的神采，或是教师的温文尔雅、落落大方的仪态，或是教师的虚怀若谷、以诚待人的情怀，乃至教师的甘于清苦、辛勤耕耘的情操，所有的这一切对学生都有潜移默化的影响。这种感染性的精妙不但在于它具有深刻性与持久性的特点，而且还在于它具有"润物细无声"的特征，是在不知不觉的过程中感染了学生。给他们以知识上的与思想上的熏染与启迪。鲁迅先生在他的《藤野先生》一文中谈到自己早年的日本老师藤野先生时，就曾谈过藤野的治学风格与治学态度给自己留下的深刻印象与影响。而这种影响与熏陶，往往令人终生难忘。

5. 交际性的特点

教师的仪表行为具有沟通师生之间的思想的功能。教师的教学活动、仪表行为，必须要考虑、照顾到这种特点。传统的教育，常常存在着这样一种弊端：教师在授业过程中往往十分注重知识的传授，较少注意师生之间的情感交流；十分重视语言上的表达，一定程度上则忽视了仪表服饰、体态行为的传情达意的力量。实际上，教师的仪表行为在教学过程中也参与了教书育人的活动，教师的仪表行为是沟通师生间情感交流的一个很重要的途径。

在课堂上，老师对学生投以和颜悦色、期待信任的目光，能够起到鼓励学生、启发学生的作用；在课下老师深入到学生中间，热情诚恳、诲人不倦地循循善诱，则在学生心中树立起和蔼可亲的形象，从而使师生感情进一步得到交流，取得和谐、融洽的心理效果。相反，如果教师在学生面前过于拉开彼此之间的距离，不肯放下居高临下的傲视的面孔，则极易使学生产生敬而远之的心理，从而影响了师生之间情感上的正常沟通与交流。作为一名新时代的教师，应该充分地认识到教师自身的仪表行为在师生交往中的重要地位与作用，充分地利用教师的仪表行为所具有的交际性的这一特点，以便在自己的教书育人实践中更好地发挥教师的主动性，取得更多的实际效果。

6. 首因性与连续性的特点

在人际交往中，人们往往很重视第一印象、第一感受。这种第一印象、第一感受对人的心理往往影响很大。由第一印象所产生出来的心理感应效果，就是首因性。在教师和学生之间的一系列的接触、交往过程中，教师给学生留下的第一印象十分重要。这第一印象，实际上是教师的精神风貌与言语仪表行为的一次总体展现。种种迹象表明，教师和学生之间首次接触最容易为学生所接受的是温暖、友善、和蔼可亲等愉快的气氛，当然也包括教师的学识、才智与文雅的气质风度。学生要寻找发现的，正是这样一些与其心理上相吻合的东西。假如师生接触的双方不能取得感情上的协调，从学生一方讲，他们就会产生疑惧、回避、厌烦、不安等不愉快的心理，从而影响了师生间的正常交流与交往，并直接影响到教学效果。

教师留给学生的具体印象一旦形成，就具有一定的扩张性与定势的效应，这就是连续性亦称"连续效应"。往往是一旦某个教师的仪表行为给受教育者留下良好的印象，大家就自然而然地喜欢这个教师，愿意接受他的教诲；反之，假如一个教师的仪表行为跟受教育者的心理向往错位，则受教育者的心理自觉或不自觉地会产生一种排拒心理，会直接影响了实际教育效果的发挥。尽管学生对教师的第一印象有时反映得并不见得十分准确，印象的形成也有一个过程，教师在实际的教学实践中也总是在尽自己的努力，把仪表行为对学生产生的印象尽可能地调整到适度的位置，但不管怎么说，教师的气质风范、言行举止、谈吐神情给学生留下的第一印象，在教学当中所占的位置是十分重要的。它要求教师在教师职业道德的指导下，必须对此予以相当的重视。

7. 有意性和无意性的特点

教师的仪表行为在教学过程中的体现是：多种多样的，但基本上可以确定为有意识和无意识之分。因此，教师的仪表行为也就有了有意识和无意识的特点。教师在教学活动中表现出来的眼神、手势、体态、言语活动，甚至坐姿、站态、站立的位置，有些是无意识的流露，有些是有意识的支配。在教师职业特点的指导下，在较长时期的教学实践中，每个教师都不同程度地形成了具有自身特色的仪表行为特征与习惯。教师的这些习惯特点不仅直接反映并影响着教师的自我形象，风范气质，而且对教师、对教学效果都将产生一定程度的影响。因此，教师不但在教学内容、教学方法、教学安排上事先都要有所设计与考虑，而且还要在教态设计上，对授课过程中的主要的姿态、动作、服饰等也要事先做出相应的考虑，甚至对课程的气氛、与学生的情感如何沟通上也都要包括进去，做到心中有数。课堂表现力求动作自然、举止规范、语言简明、有条不紊；既温文尔雅，又落落大方。长此以往，教师的这种教学仪表行为就会从有意识的运用与控制，转化到无意识的运用自如与自然流露，成为自身特点风格中的一部分。相反，如果一个教师的课上仪表行为表现出与授课情境格格不入的态势，或拘谨呆板、气质萎缩；或随便地任意动作，摇首耸肩，皱眉眨眼；或眼神始终盯在某一个地方，忽视了众多受教育者的存在等等，这些看起来是无意识的行为，恰恰反映了他忽视了教师的仪表行为规范还有有意识的一面，反映了其基本的教学素质还有待提高。

六、教师仪表行为规范的意义

教师的仪表行为规范的重要意义，主要体现在以下几个方面：

1. 教师的仪表行为规范，有利于教师对学生的思想品格与道德情操的教育与培养

由于学生的思想品格与道德情操的形成，深受教师的仪表行为的熏陶与影响，这就使得教师的仪表行为规范，显得尤为重要起来。人民教师应该是道德行为严谨的优秀人物。教师首先应有良好的素质与素养，随时随地都要有符合自己身份的适当的举止与风度。只有当教师的自我行为符合一定的社会要求，正直高尚时，他的教育才能深入到受教育者的心田中去，并支配他们的具体实践行动。青少年时期的学生，正处于世界观与人生观的逐步形成时期，他们的思想意识、行为品格有很大的可塑性，也很容易接受某些外来的影响。这些外来的影响当然有好有坏。这些外来的影响主要来自社会、家庭和学校，而教师对他们的影响是最大的。教师是学生的知识、思想与行为的指导者、示范者，教师的仪表行为常常要被学生模仿。从教师的衣着发型、举止姿态、言语特点、谈吐风格，一直到教师的待人接物、人际交往等，都会有学生暗自效仿。学生的身上往往会发现教师的影子。因此，对教师的仪表行为做出规范，确保并促使教师以良好的精神风范去带动、影响并感染学生，使受教育者能够树立起良好的品格风貌，它的意义是极其重大而又深远的。

2. 教师的仪表行为规范，有利于配合教学，提高课堂教学的实际效果

教师的课堂教学是一门综合性很强的艺术，它不仅要求教师要具备相对完整、准确与丰富的知识，而且要求教师在实际的课堂教学中，要调动并利用一切积极因素，发挥教师的多方面的才能，使其一起来参与教学、辅助教

学，以便更好地提高课堂教学的实际效果。教师的仪表行为常常可以很直接地呈现给学生，容易给学生留下难忘的印象。教师在课堂上的每一个眼神、每一个手势、每一个笑颜，直到其具体的衣着服饰、习惯个性，每一个细节的变化都逃不过讲台下面数十双注视的眼睛。教师的仪表行为直接影响着课堂教学的实际效果，影响着学生对授课内容的理解、消化、吸收和发挥。

3. 教师的仪表行为规范，有利于形成良好的社会风尚

一定的良好的社会风尚的形成，很大程度上取决于社会成员文化、文明素质。当经过学校教师的培养与熏陶后的受教育者一批又一批地不断地被输送到社会上时，这些经受过学校教育的社会成员的精神风貌、举止行为对影响社会风尚的变化所起的作用是巨大的。这时，从这些社会成员身上所体现出的教师的精神风范，对于一定的良好的社会风尚的形成的影响力，也就随后逐渐地呈现出来。教师的仪表行为无论是从宏观上还是从微观上，从群体上还是从个体上来说，都有着其他任何职业的社会成员不可比拟的影响力与社会作用。教师的仪表行为从某种程度上讲，并不单纯是个人的兴趣爱好与习惯等这样一种意识行为，而是严格受到其职业特点的规定与制约的社会的意识行为。由于这种意识行为的延续性与深刻性，它对一定的社会风尚的形成必然要产生一定的影响。在传播、弘扬民族文化、民族精神，提高全民族的素质，推动人类文明的进步方面，教师承前启后的关键。在我们这样一个古老而又文明的国家里，教师是在社会上为人师表、起表率作用的。不管外面的社会发生了怎样的变化。教师一直都在兢兢业业地忠于自己的职守。他们的甘于清苦、耕耘不息的高尚情操，温文尔雅、彬彬有礼的仪态风度，都已为广大的人民群众所共认，并被社会视为楷模。教师的仪表行为首先是广泛而又深刻地影响到学生，其后主要通过学生以及教师自身的表率作用，直接作用于社会，作用于社会其他成员，从而影响了整个社会风尚，有益于良好的社会风尚的最终形成。

4. 教师的仪表行为规范，有利于教师自身素质的提高

教师的仪表行为不是一时一地、不自觉地形成的。初做教师的人，在仪表行为方面，往往都经历着一个由无意识到有意识、由不自觉到自觉的过程。

要想在学生乃至全社会面前展现出教师的良好仪表风貌，起到为人师表的作用，教师本身必须要提高自己的素质。既需要加强自身的业务能力，努力钻研专业技术知识，又需要自觉地养成文明礼貌的习惯，使服饰举止符合

教师的职业特点。这样，教师的一系列育人的准备过程，实际上也是教师本人的一个各方面素质提高的过程。当一个教师的仪表行为符合规范性的要求时，他自身的素质也就同时提高了。

七、教师的风度

作为一名教师就要为人师表，为人师表必须言传身教。"言传"和"身教"作为教育的两种行之有效的基本手段，历来是相辅相成、紧密联系和不可分割的。契诃夫说："要知道，由活的人所说出来的话，不单是只靠它的内容来激发对方的思想和感情的。这里有一副兴致勃勃的面孔，有一双忽而在科学的丰功伟绩面前燃烧着赞美的目光，忽而又好像在怀疑所做结论的正确性而眯缝起来的眼睛，有表情，还有手势。"所谓"身教"，就是教师在教育活动过程中通过自己的仪表风度来影响、感染和教育学生，达到预期教育目的的教育方式。它包括衣着、发式、举止、姿态以及由此体现出来的风格态度等内容，它通过感官传导进入学生的心灵，潜移默化地影响着他们的身心发展，在教育生活中起着"言传"所代替不了的重要作用。对此，马卡连柯做了深刻的论述，他说："你们自身的行为是在教育上具有决定意义的。不要以为只有你们和学生说话的时候，或教育学生、吩咐学生的时候，才执行教育学生的工作。你们生活的每一瞬间，都在教育学生，甚至当你们在家庭里的时候，你们怎样穿衣，怎样跟别人谈话，怎样讨论其他的人，你们怎样表示欢欣和不快，怎样对待朋友和仇敌，怎样笑，怎样读报等等，所有这些，对学生都有很大意义。"所以，古今中外的人们都对教师的仪表风度提出了很高的道德要求。在我国当前就是要做到衣着打扮整洁干净，美观大方；行为举止文雅礼貌，稳重端庄；待人接物热情洋溢，和蔼可亲；教态自然典雅，从容潇洒等等。

1. 仪表堂正，衣着朴实整洁

教师的一切都应当是美的。教师不仅要有美的心灵，美的语言，还应有美的衣着，做到仪表正派，衣着整洁朴实。

仪表美是教师职业特点的必然要求，衣着打扮又是仪表美的主要组成成分。衣着整洁得体，还是对教师服饰的一种基本的规范要求。教师的衣着打扮，并不一定在于要有新奇漂亮、流行时髦的服装，也不一定在于本人必须有一副适宜妆扮的漂亮身材，关键在于他的仪表打扮要适合身份，适合教师的职业特点规范下的仪表美的深层内涵。尽管适宜的身材、流行时髦的服饰对教师的形象美也起相当重要的作用，但这并不能代表仪表美的全部。只要他在教书育人的实践行动中，衣着整洁得体、落落大方，照样能够透露出一股朴实的美、整洁和谐的美、情趣高雅的美。当然，这并不是说教师的衣着应该是呆板单调、落伍沉闷的，似乎只有这样才能为人师表，而是说教师的仪表妆扮要抓住美的真正内涵，抓住其基本的职业要求。美是各种各样的，美有多方面的多种体现。只要是教师的学识渊博、兴趣高雅，即使是平凡的服饰，美也会从这平凡的装扮中流露出来，使受教育者产生一种充实感、信任感与崇高感。如果一个教师弃其基本的育人宗旨于不顾，或衣冠不整、稀里糊涂；或一味追求时髦、缺乏其基本的职业涵养，不仅有损于教师的形象，不能很好地发挥其教书育人的作用与效应，而且还会分散学生的注意力，甚至把学生导入歧途、精力旁骛。基于对教师职业的特殊性的认识，教师在衣着的具体选择上，需要适当照顾到以下几方面内容：

第一，选择衣着要根据自己的身体条件。身体是衣着的支撑体，每个人的身体又具有每个人自己的自然条件特点。这就要求每个人在服饰选择时，需要在自己的审美观点、审美爱好下，适当考虑到自身的自然条件特点，根据自身的条件，选择恰当的颜色款式、肥瘦长短，更好地体现自己的形体美与审美情趣，并弥补体形上的某些不足。如身材较矮的教师，衣着选择宜以简洁明快，上下色泽一致或上浅下深的色泽为主，以便把身体反衬得高一些；颈部较细长的教师，衣着选择宜以高领、筒领或翻领为主，以便增强颈部的粗壮感；而颈部较粗短的教师，则宜选择 V 型领口一类的衣着，以便敞开胸口，增强颈部的加长感；体胖的教师，衣着选择宜以冷灰色、深色为主，以便给人以紧束感，但不宜选择紧身或束腰的衣服；体瘦的教师，衣着选择宜以面料粗织、暖色亮色为主，或增加衣饰花样皱褶等，以便增强扩弛感、厚实感。总之，衣着服饰的选择要适合自己的身体特点。

第二，衣着选择要根据自己的年龄特征。青年有青年的服饰，老年有老年的服装，教师的衣着选择要适合自己的年龄特点。青年教师朝气蓬勃，充满活力，服饰选择上宜以活泼明快为主，可以与流行色泽款式适当地靠近一些。要避免在色泽、款式上的老气横秋，显得毫无生气与活力，也要避免给学生以沉闷感、压抑感；年长的教师德高望重，沉稳通达，衣着上亦以严肃端庄为主。但也不一定非要拘泥于一端，也可以根据情况，适当选择一些既稳重大方，色泽款式又比较清新的服饰，既显得充满成熟的魅力，又显得焕发了青春的活力。

第三，衣着选择要根据环境特点。首先，一定的社会环境，一定的服饰流向，不可避免地要影响到教师。教师也需要不断地接受、选择美的服饰，纳入时代的大潮，而不可能是一味地古板地拘泥于自己的天地之中，与外世隔绝。其次，一定的学校环境也对教师衣着发生影响。学校的环境是整洁严肃、活泼向上的，为此，教师的衣着在整洁得体的基本要求下，也要随着具体环境的变化而变化。课堂教学时的衣着整齐与劳动、游乐时的简便、轻盈，以及不同的授课时的衣着选择要适合一定的环境特点。不论是社会环境，还是学校环境，教师衣着的适应必须要把握住的一条原则，就是要以基本上符合自己的身份特点或职业特点为前提，需要适当考虑到教师为人师表的风范气质。

第四，衣着选择要根据教学对象。教师的衣着选择需要考虑到受教育者的年龄、性格、知识、能力等因素，不宜忽视这些特点。对于处在一定年龄段上的有一定知识与能力的大、中学生，教师的服装要朴素、整洁，有利于培养他们成熟的着装行为，并同时使其受到思想情操方面的启迪；对于一些年幼的孩子，要根据他们天真烂漫、活泼好动的特点，教师选择一些色泽鲜艳、明快的服饰，更容易给他们以美的启迪。

第五，要整齐清洁、讲究卫生，不要衣冠不整、蓬头垢面。这是衣着外表美的起码要求。

现在，有少数教师仍不注意个人仪表衣着的清洁卫生，经常是个人卫生很差、衣服很脏，领子里一半外一半、裤脚长一只短一只、外衣不扣纽扣、衬衣打个结、拖着拖鞋不修边幅地走进教室，给学生的第一印象很差，对学生的思想面貌带来不利的影响。这是不符合教师道德规范的，应当自觉加以纠正。任何一个教师都要认识到，讲究个人的仪表衣着的整洁卫生，不仅仅是教师个人道德修养的表现，更重要的是教育好学生的需要。特级教师王企贤从教五十多年，一贯保持服饰整齐、面容清洁。他衣衫容貌不整不见学生，检查学生是否带手帕，是否剪了指甲，总是先让学生检查自己。在他的言传身教下，他教的学生没有一个不讲卫生的。在开展精神文明建设的过程中，每个教师都应重视仪表衣着的整洁卫生，给学生起好仪表美的带头作用。

第六，教师的衣着仪容要美观大方、素朴典雅，不要奇特古怪、艳丽花俏。教师的衣着仪表要符合民族特点、年龄特点、个性特点和职业特点，不能"惟洋是美"，去闹"东施效颦"、"邯郸学步"之类的笑话，更不能搞什么标新立异、革故鼎新、奇装异服之类。教师的整个穿着打扮，要符合教师的职业特点、道德要求和审美标准，不要与教学、教育气氛相冲突。服装款式要美观大方，过于陈旧，会显得落伍，也不宜太赶时髦、追求新奇；衣服颜色和装饰应尽量静而雅致，不要艳丽夺目、花俏惹人。因为在教育活动中，学生们几十双眼睛的视线都集中在教师的身上，如果教师的衣着打扮奇特古怪，华丽花俏，就会使学生把注意力分散到教师的服饰上，学生无法集中精力去听讲受教。如某地有一位大学刚毕业分到农村中学去任教的女青年教师，由于不能入乡随俗，过分注意梳妆打扮，服饰艳丽夺目，频繁更换，使学生眼花缭乱，议论纷纷，导致课堂纪律和教学效果很差。当地老百姓也很看不惯，请求将这位"洋"教师调走，以免教坏了他们的孩子。因此，教师的衣着打扮一定要考虑自己的职业特点及环境要求，要和教师的职业身份相适应，考虑自己的职业特点及环境要求，要和教师的职业身份相适应，考虑到它们可能对学生产生的影响。广大教师，特别是青年教师，要使自己的衣着打扮美观大方、整洁朴实，仪表庄重，以使学生从教师质朴的外表美中得到审美享受陶冶高雅的审美情趣。

教师的职业是教书育人，教师的着装要与自己的职业匹配。教师着装应遵循的原则是：庄重、大方、凝练、高雅、明快，变化层次不要太复杂，一般不要穿不对称服装。男教师的服装要正规，如单排扣西装，选用浅条纹或八字纹面料，配领带，马甲等，为了避免过于格式化，衣袋、纽扣可以有些变化。女教师的服装可偏向时装，颜色和样式可稍花俏，可着套装，春夏可以素色衬衣配飘逸长裙。教师着装的颜色以中性色彩、冷色为主。如选用暖色则以中、冷色相衬托。教师服装的面料以混纺为好，显得质地好，挺拔、有光泽感，易洗易干。如选用纯毛料，则易被粉笔沫染污。

总之，教师衣着整洁，仪表朴素大方，既能充分体现教师职业的特点和健康的审美情趣，又能反映教师热爱生活的精神风貌。教师着装对学生的心理、审美、行为有着较大的影响。所以，我们每一位教师都要按照教师职业的特点，注重个人衣着，仪容的修饰，给学生以美的熏陶和感染，使它更有助于提高教育教学效果。

2. 落落大方，举止稳重端庄

教师在职业劳动中，除了要具有美的衣着仪表外，还要有美的举止，做到待人接物稳重端庄、落落大方。具体地说，教师职业道德对教师的举止有以下要求。

第一，教师的举止要谦恭有礼，不能粗野蛮横。教师在教书育人和日常生活中都要注意自己的行为举止，做到谦虚礼貌、不卑不亢，不能粗野无礼、蛮横放任，这是教师道德对教师行为的要求。如果教师对待学生彬彬有礼、温文尔雅，使学生感到教师和蔼可亲、平易近人，就容易融洽师生关系，便于沟通，同时还能让学生从教师的礼貌行为中受到良好熏陶，有利于学生礼貌习惯的培养。相反，如果教师对待学生不讲文明礼貌，粗暴无礼，气势汹汹，恃强凌弱，不尊重学生，不仅会直接造成师生间的情感对立，还会使学生从教师粗野蛮横的举止中受到不良影响，养成坏的习惯。正如英国教育家洛克所说：做导师的人自己应当具有良好的教养，随人、随时、随地都有适当的举止与礼貌。导师自己如果任情任性，那么教训儿童克制感情便是白费力气的；自己如果行为邪恶，举止无礼，则儿童的行为邪恶，举止无礼，也就无法改正。因此，教师要培养青少年学生良好的礼貌习惯，自己的行为举止一定要讲礼仪。

第二，教师的举止，要端庄适度，不应轻浮放荡。教师是学生的教育者，自己的举止不仅要礼貌，而且要端庄、正派、适度、得体、优美，让自己的举止体现出良好的道德文化修养，让美德表现在外部行为上。教师在与学生交往中，要让学生体验到自己举止中那具有丰富内涵的美。走路应步履稳健、抬头挺胸，表现出朝气蓬勃和成熟向上的精神，不要身体东倒西歪、步子拖沓、左顾右盼，显得无精打采；授课时的手势姿态，要举止适度，动作文雅，表现出文明的气度，不要拍黑板、擂讲台、捶胸顿足，显得缺乏修养；和学生交往谈笑，要热情而有分寸，亲切而讲究礼节，表现出计策而随和的品质，不要不分男女老少地搂肩搭背、无聊嬉闹，显得粗俗不雅；日常生活中要讲究卫生，遵守社会公德，不要乱抛纸屑、烟蒂、随地吐痰、践踏花草、把脚搁到桌凳上等等。因为一个教师只有举止适度、行为端庄，才有利于确立自己的美好形象，受到学生的爱戴和欢迎，为学生树立良好的身教形象，给学生以良好的精神感染。反之，如果一个教师行为轻狎不羁，松松散散，举止没有分寸，则有损于教师的形象，不仅会使学生憎恶，还会对学生的行为起坏的影响和诱导作用。所以，教师在教育工作中一定要认真检点自己的一举一动，使自身的行为举止符合教师职业道德规范。

3. 态度和蔼可亲、平易近人

教师的衣着仪表、举止行为往往反映着他们对于社会、人生和教育事业的态度。培养和具有和蔼可亲、平易近人的态度，是教师职业道德对教师的基本要求。它要求每位教师必须做到以下两方面：

第一，教师要有平易近人、积极进取的态度。教师是做育人工作的，他要面对面地通过言传身教去教育感染学生。这就要求教师在教育过程中要注意自己的态度，明确你以什么样的态度对待社会、人生和学生，学生也将以什么样的态度来看待社会、人生和老师。如果一个教师在待人接物时谦恭有礼、坦然自若，面对成功和荣誉不骄傲自大，面对失败和挫折不悲观气馁，始终保持积极进取的态度，就会去掉学生对教师的畏惧和对教师水平的怀疑之感，学生就会积极主动地接近教师，钦佩教师，向教师学习。反之，如果教师态度恶劣，冷若冰霜，喜怒无常，使对方产生高不可攀或拒人于千里之外的感觉，就会引起学生的不安，吸引不住学生甚至失去学生。因此，教师千万不能把自己为人处事的态度看作是自己的私事，随心所欲或无所惮，而应认识到这是关系到教育事业成败的公事，保持平易近人、积极进取的良好态度。

第二，教师要有和蔼可亲、宽容豁达的态度。学生是来接受教育而不是来接受训斥的。教师在教育学生时，要表现出师长的爱抚和关切，目光要充满热情和希望，面孔要慈祥，态度要诚恳，表情要温和，情绪要稳定，给学生产生一种和蔼可亲的感觉，从而打心眼里喜欢老师，乐意接受老师的教化。

如果教师不善于控制自己的情绪，无法端正自己的态度，对学生疾言厉色，忽而精神恍惚，忽而暴跳如雷，反复无常，捉摸不定，就会伤害学生的心灵，动摇学生对老师的崇敬与爱戴之情，有损教师在学生心目中的光辉形象。教师要不辜负学生对自己的信任和期望，像珍惜自己的生命那样珍惜学生的求知欲和上进心。教师一方面要严格要求自己、控制自己的思想行为；另一方面又要以宽广博大的胸怀对待学生，宽容他们的过失和不足。因为孩子们是基于自身的无知和对教师的信任才来到学校接受教育的，他们对教师的信任和崇敬胜于对自己的父母。教师的训斥、讽刺、冷言冷语，哪怕是无意中的一点小指责，对他们来说都是最沉重最残酷的打击，他们会因此感到自己是一个没有优点的毫无用处的人，对什么都失去信心，继而消沉悲观甚至以极端的态度来对待周围的人和事。所以，教师对待学生，应关怀他而不拒绝他，帮助他而不冷落他，照顾他而不轻视他，鼓励他而不责罚他；对于有问题的学生，则要因材施教，对症下药，若他的能力弱，则多加指导，给予锻炼机会；若他的品格不良，则找出其闪光点，帮其矫正；若他的成绩差，则找准其原因，帮其提高。只有这样，学生才会在教师的慈母般的关怀指导下，虚心克服自己的弱点和不足，满怀信心地努力前进。

名师真经

4. 教态自然、从容典雅

在教育过程特别是课堂教学中，教师为了准确无误地向学生表达自己的思想感情，传授知识文化，除了衣着仪表、行为举止、思想态度等方面外，必须注意自己的教态，做到自然、从容、典雅，只有这样，一个完美的教师形象才能矗立于学生面前，才能正确有效地发挥身教的作用，教育学生成长进步。这就要求教师的教态必须做到以下两方面：

第一，自然丰富的表情。注意根据教学内容的需要而适当变换眼神、手势、面容、声调、体态等，表明自己对真善美的褒扬，对假丑恶的贬斥，以此启迪学生、引导学生、感染学生，培养他们求真、向善、爱美之心。在讲课时，面部表情要庄重而亲切，目光要温和而慈祥，步态手势要稳健而有力，随时注重观察学生的反应，倾听学生的意见，与学生进行交流沟通。在进行提问时，可轻轻皱眉，以表示思索；当学生答非所问、不专心听讲时，缓缓摇头，以表示疑问；当学生回答令人满意时，点头赞同，表示鼓励；当学生不能回答，出现冷场时，则示意学生安静，认真听讲。不要唾沫横飞，自顾侃侃而谈；不要东张西望，给人以魂不守舍的印象；也不要呆若木鸡，一幅若无其事的样子；更不能手舞足蹈，像个"跳梁小丑"。此外，教师还要努力改掉举止、姿态上的一些不良习惯乃至怪癖，比如讲课时搔首抓耳，与学生相处时勾肩搭背，翻书时用手指放在口中沾唾沫，站在讲台上不停地抠鼻子，玩粉笔等等，因为这些"教态"会贬低教师的形象，引起学生的哄笑或者厌恶，削弱教师在学生心目中的威信，影响教育效果。

第二，从容典雅的形象。能够在教学活动中控制自己的情绪，约束自己的行为，树立良好的教师形象，使学生一眼就可以看出你是一个可以依赖、值得尊敬的师长。这就要求教师在教学过程中，不管什么时候，面对什么情况，都要表现出博大高深的知识涵养，沉着冷静的性格气质，成熟稳定的思想情绪，进取自强的人生态度，勇谋兼备的才干本领。不能因为自己心境不佳、身体不好或个别学生偶尔"捣乱"、违反纪律，就动辄发脾气、耍态度、拍桌子、砸东西，更不能把自己对人或事的不满情绪转嫁到学生头上，将学生视为发泄愤怒的"替罪羊"，对他们或破口大骂、或讽刺挖苦、或拳打脚踢。另外，当师生之间发生误会，学生对你不够礼貌时，也应该表现出宽容和肚量，而不要疾言厉色、暴跳如雷；讲课时若学生思想开小差或不专心听讲时，可多用暗示法提醒学生注意，如边讲边在学生座位之间的过道上来回走动，轻轻地敲敲调皮学生的桌子，拍拍打瞌睡学生的肩膀，这既不打乱正

常的教学秩序，又照顾了那些不认真听讲学生的"面子"，使他们感激老师，并因此而努力学习。

显然，教师的教态不是以上两方面所概括得了的。它包含着无限丰富的内容，而且，教师良好的教态不是硬装在身上的，也不是轻而易举地可以手到拈来的，而是教师个人内心世界、职业理想、知识素养、业务能力的自然流露。任何一位教师要想做到"教态万方"，除了教学时严格要求自己外，平时就得不断提高自己的知识修养和审美素养，有意识地加强举止姿态上的自我训练。

八、教师印象整饰的意义

印象，是指一个人的外部特征和内在品质在别人的头脑中所留下的概念化痕迹。印象的最基本特征是带有一定的"评定性"。社会心理学家奥斯古特指出，印象的评定可分为三个方面：①评价方面，好与坏；②力量方面，强与弱；③活动方面，主动与被动。其中"好与坏"的评价系统是对一个人形成印象的最为重要的依据，而且是最具区别性的。一旦对某人的判断有个或"好"或"坏"的确定，则其他方面也就差不多确定了。

人们在相互交往中，必然会对他人形成一定的印象，并在此印象的基础上，决定自己的行为，决定自己将同对方保持怎样的交往关系；同时，自己也必定给他人留下一定印象，这印象也影响到对方将对自己采取的交往态度与交往关系。因此，人们在交往中，总要选择一定的装束、言辞、表情与动作，以期给对方一个"好"的印象。心理学把这种有意识地控制别人对自己形成某种印象的过程，叫"印象整饰"。印象整饰是日常生活中习见的社会心理现象。譬如：会客、访友、上班之前要打扮修饰一下；有人来访时把屋子收拾得干净些；与陌生人交谈常表现得彬彬有礼；当自己言行不当时向对方说声"对不起"；当发现别人言行失当时假装不在意，以避免其难堪等。

这些都是自我印象整饰或帮助别人进行印象整饰的表现。从社会心理学的角度来看，学校教育活动是以师生相互交往为基础而展开的。在这一交往中，教师不仅作为认知者来认识学生，获取学生的印象，同时他又作为被认知者，给学生留下自己的印象。教育实践告诉我们，教师的职业比其他行业更具强烈的示范性，他留给学生的个体形象，往往作为一种强有力的教育因素，参与他的整个劳动过程，并影响到劳动后的过程，甚至在学生的心灵中储存终生，以致溶进学生的个性特征中。因此，教师的印象整饰是为人师表的特殊需要，其意义是明显的。

1. 教师的印象整饰有利于唤起学生对教师的情感信赖

情感信赖是学生对教师的信任感、依恋感，以及自己的自尊心、求知欲等方面的认知与情感需要的一种满足状态。大多数情况下，学生接触教师，总较难对教师的内心状态做出直接的判断，而往往从可观察到的外表印象出发，来形成自己的判断和推理。教师如果能适度整饰自己的外表形象，讲究礼节、风度和仪表，能给学生一个具有职业特征的美好形象，那么，学生与教师的交往，必定会在愉悦高雅的氛围中，感到教师亲切、慈爱、富有朝气，感到教师可信与可敬。特别是课堂教学，教师的举止、装束、言谈、态度、作风等，更会综合地参与教学会过程。教师要从自己的实际情况出发，扬长避短，恰到好处地"雕饰"、"调色"，给学生以温柔、宽容和真诚，发自肺腑的关心、爱护和鼓励，那么，学生也必定会对教师的教导在情感上产生"相容性"，对教师肃然起敬而专心致志，配合教师圆满地完成教学任务。

可以说，没有一个学生会喜欢衣衫不整、精神不振、出言不逊、行迹不拘的教师，即使是批评，他们也总希望教师能讲究方式，以诚相待。所以，教师通过印象整饰，能让学生看到一个"知识、智慧和教养的化身"。

2. 教师的印象整饰能为学生树立真实的审美榜样

从美学的角度看，教师与学生的一切思想接触，实际都是美化学生心灵的活动，教师的一切教育活动，实际上也是启发学生认识美、评价美、创造美的过程。所以，教师的美好情操和形象，是学生最现实的审美榜样。爱美是人的天性。儿童从小就具有强烈的憧憬美好事物的倾向。一般说来，人的审美活动总是从事物的外在形式开始，因为形式美显得明确、具体，给人以突出的印象。学生在与教师的交往中，也必定会从审美的角度，从感受教师的外在形象入手，对教师的朴实整洁高雅的装束，文明生动优雅的言辞，热烈真实秀雅的情感，活泼端庄的举止进行全面的欣赏甚至仰慕。作为一个人民教师，"使各种高尚的道德品质——在个人生活与集体生活中光明磊落、心地善良、诚实正直——和这些品质的外在表现的美（文雅的风度、灵活的举止，等等）达到和谐统一，是美育最重要的任务之一"。所以教师通过印象整饰，能让学生从中感受到力量、意志、修养与个性的具体美，得到审美情趣的熏陶。

总之，教师的印象整饰，是美好心灵的一种表露，是内在优秀素质的表现。在学校这一以育人为中心的领域，要使师生之间的交往变得愉快、亲切和高尚，并使这种交往成为一种现实、有效的教育力量，这必须讲究礼节和风度，有意识地留给学生一个美好的印象。

九、教师印象形成的三种模式

学生对教师的印象如何关系着教师的教育教学质量。因而，教师大都注重其在教育教学活动中向学生投射的印象。

倘若学生不能对教师形成良好的印象，则教师的教育教学效果事倍功半，其自身价值也无从实现。因此，研究学生对教师的印象形成机制，对于不少教师走出"印象"困境，提高教书育人效果，是大有裨益的。无论是有意识还是无意识，学生对教师的判断评价总是伴随着整个教育教学关系的始终而发展的。当一个生教师开始任课的时候，学生的判断评价意识都特别强烈，他们会细心观察潜心揣测以形成印象。即使后来对教师很熟悉了，其判断评价意识也不会消失，仍然要对既成印象无休无止地进行印证、补充、个性修改和深化，只是外部直观表现要淡化些。

学生对教师形成印象的过程，一般皆可纳入以下三种模式：

1. 累加模式

这是一种根据学生对教师所有特性的赞同值总和的多少来确定印象好坏的过程。例如，一位教师智慧、干练、幽默，学生对此的赞同值依次为4，3，2；另一位教师智慧、干练、幽默、热心，学生对此的赞同值依次为4，3，2，1。比较两位教师，学生对哪一位的印象更好呢？用"累加模式"的形成印象会认为后者优于前者。因为后者的赞同值总和是10（4＋3＋2＋1＝10），高于前者的9（4＋3＋2＝9）。可见，对于这一类学生，教师应尽量表现出自己的所有优点，只要学生对此的赞同值是正数，就可能使之对自己形成更好的印象。

2. 平均模式

这是一种根据学生对教师所有特性的平均赞同值多少来确定印象好坏的过程。同上例，用"平均模式"形成印象的学生会与同"累加模式"者得出恰好相反的结论：前者优于后者。因为前者的平均赞同值是3［（4＋3＋2）÷3＝3］，高于后者的2.5［（4＋3＋2＋1）÷4＝2.5］。可见，对于这一类学生，教师应表现出自己的属于特长的优点，那些赞同值尽管是正数，但在自己的所有特性中并不冒尖的优点，是无助于优化学生对自己的印象的。

3. 希望满足模式

这是一种根据学生对教师的希望能否得到满足和满足的程度深浅来确定印象好坏的过程。例如，一位教师智慧、干练、理智，另一位教师智慧、热心、幽默。如果学生心目中的理想教师是干练或理智的，就会对前者形成更好的印象；如果学生心目中的理想教师是热心或幽默的，就会对后者形成更好的印象，如果学生心目中的理想教师是智慧的，这就要根据学生对两位教师各自智慧的赞同值高低来确定对谁印象更好些。学生千差万别，其希望各有所异，而且，一个学生可能同时有好多个希望，甚至是理想的完美主义的，教师岂能都"投其所好"？就这个意义而言，教师要想得到所有学生的好感几乎是不可能的。但换一个角度思考，假如教师能注意引导学生正确、辩证地要求他人，明白"金无足赤，人无完人"的道理，就有"柳暗花明又一村"的转机了。另一方面，学生对教师的希望再多，一般也不会超出常规，通常皆为教师的应备素质，这又有利于鞭策教师不断地扬长补短，不断地改造、丰富、完善自己。

以上三种模式可能兼存于一个班级之中，从而使得不同的学生对同一位教师的判断评价迥然相异。但就其主流看，三种模式又分别集合于各级学校。

一般说，小学生多用"累加模式"，中学生多用"平均模式"，大学生多用"希望满足模式"。随着思维和主观选择意识的发展，相当多的学生会依次经历这三个模式，从而使得不少学生对以前老师的印象发生质的嬗变：或肯定后否定，或否定后肯定。

十、教师印象整饰的规律和策略

印象整饰能力的发展，是教师教育素养走向成熟的一种标志。在老师与学生的互动交往中，一个教育素养趋于成熟的教师，才会自觉地想到自己的外表以及学生的评价，并有目的地调节自己的表现，及时地加以装饰。教师应根据印象形成的基本规律，来整饰自我表现，以使"学生观念中的教师"有一个"好"的形象。

规律之一：人们总倾向于只在获得被知者的少量信息资料后，就力图对他的大量特征做出判断，并形成带有一定评定性的印象。

学生在对教师进行认知并形成印象的过程中，总直接地受自己的经验（对教师直接、间接的已有认识）影响，根据自己所掌握的或多或少的信息来对教师做总体的判断。因此，必定存在这样那样的认知偏差。教师进行印象整饰的对策之一，便是研究影响人际知觉的因素，有目的地控制学生的认知偏差。在师生交际中，学生对老师认知偏差主要有以下两类：

第一，以点概面。在人际知觉中，由于对人与人之间的联系和关系未做全面的考查，只根据自己掌握的少量信息，就做出总体的判断，这样获得的结论，就是以点概面。以点概面的认知偏差，具体表现为：一般的印象会使认知者正面评价被认知者做否定的评价。这种心理现象又叫"晕轮效应"。这大量存在于学生对教师的认知中，使学生表现出依据教师的某一特点而推论其他方面特征的心理倾向。因此，教师应努力形成一专多能的教育优势，造成学生仰慕的特点，从而把学生的注意力导向到对教师做出正面评价的方向上。

第二，先入为主。在人际交往过程中，最先给别人或自己留下的印象往往是强烈而深刻的，它对以后的交往活动具有很大的影响作用。先入为主的认知偏差具体有两种表现：一是"成见效应"。学生根据间接的、少量的信息，对某教师产生一种固定的看法，从而影响到以后直接交往时的印象形成。二是"首因效应"。首因即指对初识的人所获得的"第一印象"。学生对教师所建立的第一印象往往成为师生交往的心理基础。先入为主的认知偏差相当稳定而深刻，在以后与教师的交往中，学生头脑中这种既有的"歪曲"印象至多在"量"的方面可有所改善，却较难在"质"的方面实现彻底的改变。因此，教师群体应该重视建立"集体的威信"，使每一个教师在学生中都享有较高的声誉和威信；教师个体则应重视与陌生学生打交道时的才学发挥、言行表现和仪表展示，从而掌握先入为主的交往主动权。在与教师的交往中，学生由于出现上述认知偏差，因此很容易对教师产生不准确，甚至是歪曲的印象。教师应有目的地利用这些认知偏差，从"育人"的要求出发，化消极因素为积极因素，在学生心目中树立起正面的形象，促进师生关系的和谐。

规律之二：构成印象的各种信息资料，其比重是不一样的。一般说来，具有评价作用的个性特征，尤其是非常负面或非常正面性的特征，对印象的形成起决定性作用。

学生对教师印象的形成，主要是通过对教师性格特征的评价而实现的。性格具有社会评价的意义，有好坏之分，它在人的个性中占有核心的地位。

教师进行印象整饰的对策之二，便是要注重性格修养，强化正面特征，使它朝着与教师的身份、职业及适应时代的方向发展。在教育活动中，教师应着重从以下方面入手。对自己的性格进行培养和完善：

第一，优化性格的态度特征。态度是性格的核心成分，这是个人在经验的基础上形成的，对待人与事物赞成或反对的一种稳定的心理倾向。教师对事业的态度，往往作为核心特征，对学生的印象形成发挥重大的影响作用。

教师对事业的态度集中反映在对他所服务的对象——学生的态度上。热爱教育事业的教师必然爱学生，也只有爱学生才能搞好教育事业。学生也只欢迎热情的教师，只对态度亲切慈祥、处事公正、关心和爱护自己的教师形成好印象。因此，教师在教育中要把热爱学生放在首要位置上，用亲近和信任来沟通与学生之间的感情联系，通过爱的暖流去开启每一个学生的心扉，使之乐于接受教师的教诲。

第二，健全性格的意志特征。性格的意志特征从一个人的行为方式上反映出来，这是人自觉确定目的、克服困难以实现目标的心理过程。教育学认为，教师的劳动对象是人，这种劳动具有复杂性、创造性、示范性和长周期性等特点，因此在教育实践中，主观和客观都必定会存在许多困难，教师只有具备坚决完成任务的明确目的和克服困难的坚韧毅力，才能圆满地完成工作目标。教师对工作的意志集中表现为孜孜不倦地教诲学生，首先要长期不懈，持之以恒，终生不断地充实自己。教师要以不倦的精神和巨大的耐心，了解学生、探索规律、改进方法，努力地积累经验、更新知识、开阔视野。其次要不怕困难，知难而进。教师要沉着自制地去教育后进学生，改造松散班级，要坚决地与自身的惰性、自卑感做不妥协的斗争，充满信心与力量地去开拓进取。

第三，调节性格的情绪特征。情绪是人的内心感受和体验，它通过表情动作，把喜怒哀乐表现出来，为别人所感知和了解，从而发挥着信号交际的功能。在教育中，教师恬静稳定、豁达开朗的情绪表现是促进师生顺畅交流的催化剂。教师首先要善于控制自己的情绪，不为学生的情绪所左右。同时要重视以自己积极的情绪去感染学生，在教育中动之以情、晓之以理、循循善诱、有理有节，显示出亲切的心态和乐观的心胸，将暗含期待的信息微妙地传递给学生，从而激起学生对教师的好感、信任与尊重。

第四，完善性格的理智特征。性格中的理智部分，是指人感知、记忆及思考事物时的方式方法，如主动或被动，严谨或草率，深入精细或肤浅粗略等。教师作为科学文化的传播者，他的这些方面的特征，自然地成为学生评价时的重要依据。因此要求教师有精深的知识积累，使教学能厚积薄发，深入浅出；有严谨的治学态度，做到一丝不苟，实事求是；有主动的进取精神，追随时代的发展，不断提高自身的智能素质。完善性格的上述四方面特性是相互交织地联系在一起的，任何一点突出的方面，都可以使学生对教师形成"好"或"坏"的印象。因此，教师要努力塑造性格，强化、优化正面的特征，并在教育活动中有意识地进行整饰，诱发学生接纳教师的态度倾向。

规律之三：人们在对他人形成印象时，总是倾向于把他人的各种特性协调起来力图消除认知信息的矛盾，以得出一个统一的整体认识。

学生观念中的教师形象，是教师的思想品质、精神面貌、气质、文化修养等等内在因素与仪表风度的外在因素融合而成的一种整体效果。在教育中，教师是以"整体形象"直接或间接地对学生起作用，为学生所欣赏。教师进行印象整饰的对策之三，便是根据教育的需要，把握印象形成中诸要素的可变性，努力创造具有鲜明职业特征的整体形象美。具体应从以下方面着手：

第一，研究学生的期待心理，合理地发挥教师的角色作用。教育心理学研究表明，在师生交往中，学生从学习的需要和情感的需要出发，会期望教师发挥各种不同角色作用。主要如：①学习的导师。教师应饱学有识，无所不能，为自己提供学习的诀窍，帮助自己获取好的学习成绩；②代理家长。希望教师依照家庭中的行为模式与自己进行交往，像父母一样地对自己表示喜爱、亲切和关怀；③替罪羊。希望自己的不良情绪能向教师发泄，把自己体验到的或真实或虚拟的挫折、痛苦等都归罪于老师。因此教师应深入研究学生对教师的"多角色期待"心理，正确理解自己在不同的教育情境中所应该扮演的角色，并采取为学生所欢迎的言行态度去发挥自己的这种角色作用，从而使自己在任何时候都是"孩子们心中最完善的偶像"（黑格尔语）。

第二，努力使整体形象的美与具体的交往情况相适应。教育是师生在一定的教育情境中的交往活动，具体交往情况在一定程度上决定着印象的形成。首先是交往的深度。师生间的交往深度不同，认知深度也不同，决定了印象形成的核心因素也会不同。一般说来，学生陌生的教师，他的仪表、眼神、表情等外在特征往往成为形成某种印象的决定因素。反之，如果是为学生所熟悉的教师，那么外在特点对印象形成的影响便相对淡化，内在的特点如品质、智慧、修养等就上升为最具影响力的因素。因此，教师应根据与学生的交往深度，来控制印象整饰的侧重点；其次是教学内容。学校教育以教学为主，师生的交往，便主要是以教学内容为媒介的教学活动。不同的学科，不同的教学内容，将会使课堂教学的气氛各异，教师的服饰打扮、言谈举止、脸部表情等，只有与之相适应，才能诱发学生的美感共鸣，使他们对教师留下美好的整体印象。

第三，根据自身特点，扬长避短，来创造个性鲜明的整体形象。譬如不同年龄的人给人的审美感受各有千秋，教师的整体形象只有与自己的年龄特点相符，才能给学生以美感。青年教师热情活泼；中年教师稳重干练；老年教师庄重慈祥，是教师整体形象的美化目标。再如个性（主要是气质与性格）与人的仪表、风度存在着内在的联系。个性倾向性不同，所表现出来的整体形象就会有差别。外倾型的人与内倾型的人在审美情趣、风度的形成等方面，在社会评价意义上都会各有所长与所短。因此教师应正确分析自己的个性倾向，扬长避短进行整饰，使自己的整体形象给人以个性鲜明的美的感受。

学生对教师的好印象，是教师整体形象的美在学生头脑中的反映。笛卡尔认为："美不在某一部分闪烁，而在所有部分总起来看，彼此之间有一种恰到好处的协调和适中。"教师整体形象美的创造，就是要在教育的情境中，对服饰、言谈、举止、精神等进行有目的地整饰，使之相互协调，获取相得益彰的效果。

十一、教师个人的课堂仪表

个人仪表从某种意义上讲是教师身上的标签。学生据此可以推断老师是何种类型的人。特别是对于不太熟悉老师的学生来说，更容易受此标签的影响。如果教师有一个较好的仪表，则易获得学生的喜爱；相反，则易使学生产生一种拒绝接受对方的心理，降低教学内容的可信度。在此，教师应注意。

在学生对教师的了解认识过程中，"第一印象"起着重要的作用，特别是第一次上课时，教师的衣着打扮，表情神态都会给学生留下深刻的记忆，学生对教师的赞许或者是不满的议论，往往就是从这里开始的。前苏联著名教育家加里宁说过，教师"必须认真检点自己，他应察觉到，他的一举一动都处在严格的监督之下，世界上任何人也没有受着这样严格的监督"。

当教师走进教室还未开口时，他（她）的仪表已经成为全班学生的注视中心。有的教师却不以为然，认为现在都是开放的年代了，"衣着穿戴，各有所爱"，不必那么谨小慎微，于是穿着过分华丽甚至刺眼的奇装异服，举止轻率随便，一进教室就对学生形成了"新异刺激"，学生把注意力都集中在教师奇特的衣着上。相反，有的教师邋里邋遢、不修边幅，衣服上有饭粒或是扣错了扣子，也会给学生懒散拖沓之感，这些都能引起学生交头接耳、评头品足、睥睨不屑，因而淡化和抑制了教学内容，影响了学生的学习情绪和教学效果。

有一位不拘小节的青年教师，上课时常常把他那漂亮的夹克衫敞开来，露出里面的大红毛衣，也许他自己觉得很"潇洒"、"帅气"，可是有些学生却不那么看，认为他"流气"，从心里产生一种厌恶的情绪，而另外一部分追求"时髦"的学生则有气味相投之感、竞相模仿。最后一部分学生说好，一部分学生说坏，两种看法不同的学生为之而发生争论，一时间，好端端的一个班学生分成两派，搞得思想混乱、纪律涣散。

一般地说，教师的衣着打扮一要整洁，二要大方，要符合自己的职业要求和年龄特点，要色调和谐，肥瘦合体，款式大方，给人以稳重端庄、温文尔雅的感觉，这样就可以把一个美好有益的形象和行为信号输送给学生，以便在他们的脑海里塑造出一个完美良好的教师形象。

十二、课堂中教师的美

教师本来也是课堂结构形式的诸因素中的一个重要因素，但是由于它的构成的复杂性和相对的独立性，以及它的特殊的审美价值，故在此进行阐述。

1. 形象美

教师的形象必须是美的，这是它在整个课堂教学这个大系统中的特殊地位所决定的，教师不仅仅是创造主体，而且是创造对象，教师在创造课堂艺术品的时候同时也创造了自身。当我们说教师是创造主体的时候，那是指的他的社会身份，是课堂之外的身份，而当教师一登上讲台，开始授课行动的时候，他已经不具有社会身份而成为他自己所创造的艺术品中的主人公，成为整个课堂艺术的不可分割的一个重要组成部分。我们在这里所要研究探讨的教师就是这种主人公意义的教师。

也许有人对这种划分不以为然，认为是故弄玄虚。但是必须课堂外的教师和课堂内的教师是有很大的区别的。出现在讲台上的课堂艺术作品中的主人公是一个有高尚的情操、渊博的知识、优美的风采的完美的形象，是创作主体最高审美理想的反映。他作为课堂艺术美的核心，使整个课堂教学"熠熠生辉"。在讲台之外，这个教师也许有许许多多的美德，也许有丰富的知识，但是，他生活在社会中，各种意识形态和小市民生活观念的影响，必然会在他的思想上打下烙印，并在他的行动上反映出来。我们可做这样一个假设，一个教师把一些不可克服的缺陷带进课堂，比如在知识上被学生问得张口结舌、不知所云的时候，整个课堂的局面将是不堪设想的，于是课堂教学也就无美可言了。过去的关于教师的"双重人格说"，就很好地说明了教师在课堂教学中生活真实与艺术真实的关系，向走向讲台的教师提出了与讲台之外的不同要求，这是一个很值得重视的美学原则。虽然应该提倡教师做到课堂内外的统一，但这只能作为一种努力的目标，而永远不可能完全弥合，只能尽可能缩小两者的差距。

2. 教师的美是一种庄严的美

在此提出"庄严"这个新的美学范畴，是因为"崇高"和"优美"这两个美学范畴都无法对教师的美进行描述。"庄严"是介乎"崇高"和"优美"之间的。其基本美感特征是"敬畏"（与对"崇高"的"恐惧"区别开来）"愉悦"。因而"庄严"既不如崇高"刚"，也不像优美那么"柔"。课堂教学的创造主体和欣赏主体之间有一种特殊关系——教与学的关系。欲使这种关系不至于被破坏，创造主体对欣赏主体必须进行控制。一是消极控制，或者叫做行政控制，这是通过纪律、规章制度进行控制的方法。二是积极控制，或者得叫做情感控制，这是通过老师的德性、学识风度和爱对学生的情感施加影响的方法。之所以把前者称之为"消极控制"，是因为它首先是被动的，是在问题发生了和可能发生的前提下施行的。其次是压服而不是心悦诚服，只控制了行动而没有控制心灵，这些都不是与"人类灵魂的工程师"这一称号相称的做法。要实现这种控制，就必须在学生的头脑中有对教师的偶像感和亲密感，形成亲与力的情感交流，否则，这种控制就是无法实现的。

鉴于这些，就决定了教师的庄严的美感特征的必然性。

要具有庄严的美学特征，教师必须具有优良的品德，具有成为学生行为的楷模的风范。教师不要把有关个人利益的问题带进课堂，不要在学生的面前指责同事的低能、过失或者隐私，也不要在学生面前粉饰自己、吹牛撒谎。

对待学生要谦和宽容，切忌为了个人恩怨报复打击学生，严厉要适可而止，不要过分苛求；对待学生还要平等公正，不要偏爱成绩好的学生或者放弃成绩差的学生，特别不要对后者流露出厌烦的情绪。如果和学生发生摩擦，要沉着冷静，切忌冲动，不要大声吼叫，更不要动手动脚，争一时之长。任何一种过火行为都是缺乏修养的表现，是有损教师形象的。教学中要有认真负责的精神，不能在课堂上敷衍塞责、草草了事。

我们知道，教师的主要任务是向学生传授知识，教师是打开学生智慧之

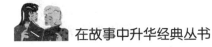

门的导师，因此教师在课堂上塑造自己具有渊博知识的形象是非常重要的，对于提高学生学习的积极性，鼓舞学生对前途对未来充满信心都有不可忽视的作用。长期做教师的人都有这样的经验，一个在某一方面才能特别突出的教师，他的学生也往往在那一个方面兴趣最高，取得的成绩也最大。这一方面是得之于教师的有效的传授，另一方面也是因为学生的信赖与崇拜。如果由此推理下去，一个全知全能的教师形象会怎样地激发学生心灵，产生什么样的美感效应，那将是不可估量的。尽管一个教师不可能全知全能，但是在他的教学和审美主体所能够涉及到的有限的知识圈里面必须做到全知全能。

一个教师在学生面前不能说"我知道"，更不能传授错误的知识。有的小说在描写某教师认真负责的工作态度的时候，让她先做错了什么，第二天带病冒雨再去修正，这种行为虽然精神可嘉，可是她作为课堂艺术的美学价值却没有了。

3. 风度美

这虽然在课堂艺术中是占次要地位的，但却是它不可分割的一个组成部分。就像演员之于戏剧或电影一样，往往会起到意料不到的作用。教师的风度包括三个方面：长相、服饰和言谈举止。教师必须五官端正；其次是服饰必须庄重大方；再次是言谈举止必须优美自然，严谨而不局促，洒脱而不失度。就举止而言，动作要刚柔相济、快慢相宜、开合适度。切忌张皇失措、夸张和敷衍。要处理好动与静的比例关系，不要老站在讲台中央僵直不动，但也不要神经质地走来走去或手舞足蹈。就语言来讲，语言要清晰流畅、抑扬顿挫。干涩平淡的语言不能作为教师的语言，说话慢一点对教师来说是必要的。这不仅是要让学生听清楚，或便于记录，更重要的是慢中才能表现出韵味来。

4. 对学生的爱

上述三个方面，可以使教师获得较高的审美价值，但是如果一个教师缺乏对学生的爱，那么他的审美价值就是不完全的。教师和学生之间，并不完全表现为艺术关系。教师作为活生生的生命的艺术品，并不仅仅是作为精神的实体和学生进行交流，而是直接进入学生的现实生活，和他们保持着一定的生活关系的制约，即人与人的关系的制约，从而在纯粹的艺术审美活动之上更添了一种复杂性。

生活中人与人之间的关系的美感，形成于二者之间的亲近以及在此基础上的相知。这种亲近和相知的现实表现就是信任、关心、支持，形成一种充满同志友爱的安定气氛。因此教师还必须关心、爱护学生，信任他们，支持他们，成为他们的父辈、兄长和同志。否则，如果学生对你敬而远之甚至有惧怕之心，这种隔膜一定会削弱你在他心中的美感。

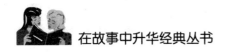

教师树立威信的几种错误做法

重视自己在学生中的威信，可以说是教师普遍具有的职业心理。可是，在现实生活中，有些教师为了树立自己的威信，常常采取一些错误的做法。其主要表现是：

1. 讨好学生

有些教师对学生提出的要求，不考虑是否合理，总是"是、是、是"、"好、好、好"，一味地顺从迁就。他们以为经此可能赢得学生的好感，从而在学生中树立自己的威信。这种以无原则的迁就来讨好学生的做法，在某种意义上可以说是无能的表现，只能给工作带来不利的影响，而使自己与威信无缘。

2. 滥用职权

有些教师为了树立自己的威信，滥用职权，轻率地采取奖励或惩罚措施。为了一点小事，动辄发脾气、呵斥、处罚学生，甚至使用过于强硬的手段，恐吓学生，打骂学生。这种方法只能使学生对教师表面服从，并不是从内心深处尊敬和信任，因而靠这种做法得来的不可能是威信。

3. 贬人抬己

个别教师过分强调自己所教学科的重要性，有意贬低其他人教的学科。还有的教师拿自己教学上的优点比别人的缺点，贬低别人的教学，若自己教学存在缺点，则说别人教学上也有问题。

4. 保持距离

有的教师错误地认为，"近则庸，疏则威"。因此，人为地与学生设置一定的距离，企图造成一种神秘感，以疏树威。这种做法会使学生失去了解教师的机会，学生很难建立起对教师的信赖感，当然也就谈不上树立威信。

5. 搞形式主义

有些教师好做表面文章，好搞形式主义，不管教育实效，追求表面效果，只图获得表扬。这种做法即使一时获得了好名声，也只是虚名，和威信根本不能相提并论。

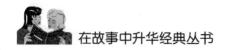

教师需要了解的国外教育经验

一、国外教学改革一览

1. 美国：

计划在中学生物学科教学中增加基因组方面的内容，并已制作出一套多媒体基因组教材。这套教材主要为中学普通生物学课程或生物入门课而编写。主要内容包括：基因、变异和人类历史，如何对基因组测序，基因组研究和医学的未来，伦理道德和立法及社会问题案例研究等。制作这套教材的目的是加强全美中学的生命科学教育，确保美国各地科学教师能拥有较好地获取人类基因组最新信息的渠道。

2. 俄罗斯：

从实际出发改革中学教学制度。原教育部长菲利波夫在 2001 年的一次对记者发表谈话时指出，俄罗斯现有一半中学生不能掌握教学大纲的内容，因此有必要改革教学体系。这位部长透露，全俄孩子感到最困难的课程是数、理、化和生物。有 25％的学生不能领会这些课程的困难章节，另有 25％的学生选择了文科。据统计，全俄约有 1000 万学生不能掌握上述课程的内容。

菲利波夫说，教学制度改革的主要方向之一是对中学高年级学生进行专业训练，理科班已开始实行新的教学制度：第一阶段为 3 年的普及教育，然后再用一年的时间让学生争取获得学士学位；第二阶段是通过一年训练使学生获取在工厂担任工程师所需之技能；第三阶段是为毕业生提供从事科学工作的可能。

3. 巴西：

2001 年，巴西总统卡多佐签署了中学普及电脑及网络教育计划。根据这项计划，巴西教育部门将在 2002 年底之前为全国所有的公立中学和中等职业教育学校配置上网电脑。实施这一计划，巴西政府要投资 5 亿美元。

4. 韩国：

（1）实施《英才教育振兴法》。2001 年 3 月 1 日韩国颁布实施《英才教育振兴法》，此法旨在为早期发掘卓越人才，开发其潜力，通过实施条例及其能力及素质的教育，实现自我价值，为国家及社会发展做出贡献。此法规定：国家为振兴英才教育要加强如下几方面的政策：

①制定有关英才教育的各种综合计划；

②英才教育内容及方法的改善和补充；

③英才教育及教育班级的设立及营运等。

（2）培养英语交际能力，改革中小学英语教学。2001 年，韩国教育部公布了关于中小学英语教改计划。计划规定：①从 2001 年 3 月新学期开始，韩国小学三、四年级和初一的英语课必须用英语讲授，目的是培养和提高学生的英语交际能力。②初中一年级学生每周必须有 3 小时的全英语课，小学三、四年级学生每周必须有一小时的全英语教学课。

二、国外中小学的创造教育

（一）什么是创造教育

这门学科诞生迄今已有六十多年历史。创造教育是创造学的一个分支，它是根据创造学的原理，结合哲学、教育学、心理学、人才学、生理学、未来学、行为科学等有关学科，通过探索与实践而发展起来的，创造教育必须通过课堂教学、家庭教学、社会教学活动的途径，帮助学生和人们树立创造意识、培养创造精神，坚定创造志向，发展创造性思维，掌握创造性发现、发明、创造技法和创造性方法，从而开发人的潜在的创造能力，因此，创造教育也是一种先进的教育方法。

1. 创造教育的目标

创造教育的出发点和落脚点是培养创造型人才。李政道讲："培养人才最重要的是创造能力。"尤其是全面发展的创造型人才，各国提法不同，但基本目标是相同的。如美国的"和谐发展的人"，日本的"协调发展的人"。其核心都是培养创造能力。

2. 创造教育的内容

（1）创造哲学教育。

它是创造性研究关于整个世界包括自然、社会和人类思维领域的一般规律，也是一种世界观。它是自然科学和社会科学的结晶，反映在人和自然、人和社会、认识与实践、精神与物质等关系上的创造性认识与解决问题。直接关系到创造者的品格、精神、思维方法，以及对创造性活动的指导。

（2）创造性意识和思维教育。

意识，是外界信息转化为主体活动过程中的中介性主导心理功能，并具有驾驭各种心理活动的能动作用。在当今创造学活动中，把创造性意识简称"创意"，如"借"意识、"桥"意识、"流"意识，被广泛地运用着，还从反向研究扼杀创意的种种表现和因素。

思维，一般指在表象、概念的基础上分析、综合、判断、推理等认识活动的过程，创造性思维是对旧概念、旧事物认识的突破；也是思维方式本身的创新。

创造性思维有：理论思维、直观思维、倾向思维、联想思维、联结与反联结思维、形象思维、扩散思维和集中思维。创造性思维的重要之点是想象力，丰富的创造性想象力才是首创的保证。

（3）发现法、发明法、创造技法的教育和训练。

发现法指在科学研究中，对前所未知的事物、现象及规律性揭示的一种普遍的创造性方法（适用于高中）。发明法指在自然科学范围内，获得前所未有的新事物的创造性方法（适用于初中）；创造技法指的是改变旧事物，创造新事物、新形态、新组合、新改变、新作品，含有创新之义，一般在小学、初中开展。

（4）学科教育。

学科教育是极为广泛的，它包括哲学、心理学、逻辑学、社会学、思维科学、行为科学、未来科学和信息学等。结合到创造性行为、品格素质、文明道德。综合这些学科教育的原因，就是把它作为创造能力必须具备的德、智、体、能、美基础。

（5）情境教育。

这是一种具有广泛性、创造性的教育方法，如周围发生了某一特殊事件，我们怎样才能创造性地认识它、理解它、解决它。立足于创造性上，日本本田小学设社会研究室、理科学研究室、家庭科学研究室，学生在小学毕业前，要学会茶道礼节、单独接待客人、缝纫、制衣、绣花；还要做饭、烧菜、洗衣，自己料理生活。有其常规性实践，还有其创造性探索。

（6）创造性活动中的指导、操练。

如组织兴趣性发明、创造活动，星期日俱乐部、创造室（包括制图、模型、玩具、教具、艺术工作、工厂观摩），参加奥林匹克竞赛（包括头脑奥林匹克）、发明创造实验活动，在职业训练中培养主动性、积极性、创造性。开设创造课，分年级设立创造课内容，如会用一般工具，制作一般木质零件，泥塑人物创作或创造性模仿制作。在小学毕业时，一般能掌握 20～25 种技能，并有一定的独创能力。中学就要求更高一些。

（二）为什么要推行创造教育

教育面临着一个人才与科技、经济相关的战略和战术问题，当前创造型的科技、经济、行政管理、金融、司法、教师、医务、外贸、外交、人文、综合性咨询人才及智能型的技术工人大量缺乏。这与人力资源的创造性开发密切相关。

1. 人力资源中的人才问题

世界处于激烈竞争之中，主要是经济力量的竞争，科技水平的竞争，归根到底是人才的竞争。国际上人才竞争将会越来越激烈、深化，因为人才首先在发达国家中缺乏。

在美国 1995～2010 年期间，每年缺少 9600 名博士水平的科学家，到 2006 年缺少 67.5 万名科学家和工程师；

在德国今后的 20 年内，单计算机人才就缺少 6 万名；

在加拿大，到 1995 年缺少教授 1 万名，要占目前加拿大教授总数的 1/3；

我国台湾省要缺 70%～80% 的科技人才；

我国由于文革中少培养 200 万人等原因，预测只能满足 10% 的人才需要；

在社会科学方面，"教授荒"将席卷整个社会科学的研究开发领域。

有识之士认为：在 21 世纪，世界将为社会科学、人文科学的滞后付出沉重的代价。

2. 人力资源开发必须从娃娃抓起

美国著名心理学家布卢姆曾对千名婴儿跟踪观察，最终得出结论是，如以 17 岁的人所达到的智力水平为 100%，则 4 岁前为 50%，4 至 8 岁为 30%，8 至 17 岁为 20%。

（1）我国经历了十几年的创造教育理论研究和实践，已取得了一定成果，我们学会和研究所初步完成了八个课题，市、地区托儿所、协会所属的托儿所的教师们开发了大量智力型玩具。

（2）美国目前约有 77000 个具有正式执照的儿童服务中心，每年接受 400 万儿童；美国的许多大学里设幼儿教师教育系、智力衰退教育系、儿童发育学系、幼儿教育学系、小学教育学系、中学教育学系。

（3）德国在幼儿创造性教育方面，居于领先地位，他们在胎教、培养创造性品格、必要的心理、健康素质、训练创造性技能等方面具有较丰富的经验。在德国，对孩子有一套特殊训练方法，好似热处理和冷处理的结合；抛、丢与爬结合；常规与冒险性活动相结合；家庭与园内、校内与校外相结合，以让孩子了解社会以劳动进行熏陶。家庭很少给钱，小学生中学生要靠自己创造性劳动或艺术到街上去挣钱。

（4）日本和德国一样在教养幼儿方面采用与我们传统体系不相同的方法，日本在20年前就开办挨冻幼儿园，幼儿在四季只穿一套T恤衫和裤子，还将幼儿在空中丢抛，这对培养幼儿身体健壮、脑平衡、吃苦耐劳精神、坚强意志是很有帮助的。

（5）法国根据人力资源开发的需要，不断增加教育经费，规划到2005年，比1988年增加45%，即从3980亿法郎，增加到5760亿法郎，在16年间，法国教育经费净增1800亿法郎。目前他们的教育方法主要是：①树立正确的儿童观，认识学生是学习活动的主体、主人，应该是自己管理自己，实行"自治"，使得到充分自由发展。②启发学生学习求知，顺应学生学习兴趣，相信学生学习的成功，尊重学生的人格。③培养创造力，一般是通过创作构思、造型艺术、素描、绘画、音乐、舞蹈和各种实验活动。④在教学时间上，分成创造时间、吸收时间、对话时间、探索时间、自学时间。玩中有学，学中有玩，并且还让学生有自己支配的时间。

（6）在亚洲，主要是香港、台湾地区和新加坡、韩国的教育，有以下几个共同特点和探讨的问题：一是立足于人力资源开发，并使创造能力与经济增长同步进行。我国台湾提出创造力的12种力，即策划力、指导力、创意力、解决力、执行力、发表力、交谈力、交往力、启发力、说服力、预测力、控制力。新加坡提出，人才跟生产资料走，合理配置岗位。这些作为中小学教育的目标和任务，将来能达到人力资源的创造性开发。二是推行的教育制度是6~9年不等的义务教育，入学率分别为70%~90%，相当于发达国家平均水平；大学为15%~40%之间，教育经费由三个部分组成，即公共教育经费、私人捐助、学生交纳，约占财政开支的15%~20%，韩国为最高，仅次于国防支出，1990年达19.6%。三是注意德、智、体的全面发展，使之适应社会、市场经济。

（三）创造教育探索和实践的关键

开展创造教育的关键，主要是教师，教师必须是创造型的，他既能发现和发挥自身的创造性，又能发现和开发学生的创造性，培养学生的创造性思维和能力。

因为，只有自己具有创造性，掌握创造性理论和方法，才能培养学生的创造能力。

三、国外中小学的诚信教育

美国从幼儿园和小学起就重视对孩子的诚信教育。美国波士顿大学教育学院设计的基础教材中就突出了"诚信"方面的内容。其中一篇课文讲述了一则中国古代的故事：一位国王要选择继承人，于是发给国中每个孩子一粒花种，约好谁能种出最美丽的花就将被选为未来的国王。当评选时间到来时，绝大多数孩子都端着美丽的鲜花前来参选，只有一个叫杨平的孩子端着空无一物的花盆前来，最后他却被选中了。因为孩子们得到的花种都已经被蒸过，根本不会发芽。这次测试不是为了发现最好的花匠，而是选出最诚实的孩子。教材建议老师在班上组织讨论，向学生介绍"最大程度地诚实是最好的处世之道"这句谚语，并且要求学生制作"诚信"的标语，在教室里张贴。

几年前，美国一所学校的多名学生在完成生物作业时抄录了某网站提供的一些材料，任课老师就毫不客气地判这些学生的生物课为零分。这位老师说，第一天上课她就和学生订下协议并由家长签字认可，协议说，所有布置的作业都必须完全由学生自己独立完成，欺骗或剽窃将导致课程失败。支持她的老师们说，教育学生成为一名诚实的公民比通过一门课程更加重要。

日本的诚信教育几乎贯穿人的一生，在家庭中父母经常教育孩子"不许撒谎"，到学校里耳濡目染的是"诚实"二字，到公司里"诚信"几乎是普遍的经营理念。

在日本，很多学校的校训都有"诚信"二字，如东京文京女子中学的校训是"诚实、勤勉、仁爱"；横滨翠陵中学的教育方针是"自立、诚实、实行"；泰星中学的校训是"诚实、品位和刚毅"，校长解释说，诚实就是对所有人都要以诚相待，有品位最重要的表现就是诚实，因为诚实，所以要一诺千金，以坚强的意志实现诺言。

在日本，诚信教育不是一句空话，而是贯穿学生学校生活的始终。日本学校有一种伦理课，诚实、藩良、向上、奉献、谦让、名誉、正义是其主要内容。日本中小学生每人都有一本道德手册，名为《心的笔记》，用通俗易懂的语言，记载着各种道德规范，诚实是重要内容之一。2001 年 7 月日本正式实施了学校改革教育法，规定学生必须参加服务社会的志愿活动。

在描述德国人的性格特点时，"严谨、诚实、守信"是经常被提到的字眼。德国的教育心理学家普遍认为，孩子在四五岁时是培养价值观和辨别是非能力的最重要时期，97%的孩子的品性是在这个时期养成的。因此在德国的青少年教育体系里，家庭是道德教育的主要场所，父母则是孩子的启蒙教育者。德国的教育法中明确规定，家长有义务担当起教育孩子的职责。德国家庭里家长也都非常注重为孩子营造一个真诚的氛围。家长们普遍遵守这样一个原则：教育孩子诚实守信，家长必须做出榜样。在德国城镇的十字路口随处可见到这样一块牌子，上面写着"为了孩子请不要闯红灯"。据了解，自从立了这块牌子，闯红灯的行人和车辆明显减少。

在德国，你如果随地乱扔垃圾或者在没有停车标志的地方停车，马上就会有人过来阻止你，并给你灌输一套遵守社会公德、为下一代作好榜样的理论。氛围教育不仅培养了孩子良好的道德品质，同时也规范了成人自觉遵守社会秩序，诚信待人。

四、日本中小学的均衡教育

日本实施九年制义务教育，公立中小学实行免费教育，教育质量优良，适龄儿童少年都能就近入学，义务教育阶段学生书费也由国库负担。在完成义务教育阶段学习后，97%的初中毕业生升入高中阶段学习，给国民提供了平等的受教育机会，所以在日本义务教育阶段一般不存在择校的问题。

日本教育较为均衡发展，首先是政府保证了充足的义务教育经费。日本的公共教育经费支出占国民总收入的比率居于世界前列，近年来受经济不景气的影响有所下降，但也保持在4%左右，人均教育经费达1203美元，仍是世界上最高的。校舍的建设费用由国家、都道府县和町村三三开，即使在边远地区、落后的乡村，各校教育条件、教育设施都达到了规范化。特殊教育方面，除设立了盲人学校、聋哑学校、保险学校外，在一般学校还设置了特殊班级。

日本教学管理实行高度中央集权，各学校教育的内容都根据文部省制定的学习指导要领决定。为了保证各师资力量和管理水平的相对均衡，日本的教育法规规定：一个教师在同一所学校连续工作不得超过5年。另外，日本重视校长的经历，一般到50岁左右，才有可能出任校长。校长任期2年，连任者，需在校际之间轮换。通过政府机构对教师和校长轮换调整，既保证了各中小学师资力量、教育管理和教学水平的相对均衡性，又有利于各校办学经验的交流。

日本的中小学教师都由高等教育机构培养，并拥有教师资格，公立学校教师属于国家公务员，学校教职人员的费用由中央与地方政府各出一阕，教师的工资逐年增加。名古屋市立今池中学的山田校长说，新到教师的工资一般月薪18万日元，30岁左右的教师月薪一般在30万日元，老教师一般是50万日元，其余补贴不在内。如果教师自动离开学校后又回来当教师，第一年的工资仍从18万元月薪开始，然后再跳上去。这种工资政策，鼓励了教师长期从事教育工作。所以根据教师年龄一般能推算出他的工资收入。该校长还说，他和教务长的工资都没有老教师工资高。

　　在"培养学生获得基本学力"的理念下，以培养更多的"能够引领二十一世纪的科技英才"为目标，日本的中小学十分重视学生综合素质的均衡发展，强调"生存教育"和协调性教育。今池中学教学楼上书写着他们的办学方针："学习、实践、创新"。该校"三轨制"，共有9个班组，学生257人，教职员工28人。每个班约30名学生，每个年级设有一个特殊教育班，特殊教育的学生能参加学校组织的所有活动。学校推行德、智、体、美、劳素质教育的措施是，除开设必需的基础知识课程外，还开设了社会学、道德学、劳动技术，家庭保健等课程，并从初二年级起，在学习必修课程基础上，学生可以自由选读规定学时的选修课。学校还根据各年级学生的特点开展特别创意活动，如：初一学生进行环境保护专题方面的二氧化氮的测定、河流污染的调查、灭绝（濒危）生物的调查研究；初二学生进行兽医师、牙医师、歌唱家、杂志编辑、药师等职业的调查；初三学生进行特别汉字的读法，市、町、村社会调查等。学校还举办文化周活动，请调理师、园艺师、企业公司经营师、钢琴调音师、警察、公务员等专家进行职业讲座。此外还举行戏曲鉴赏会或到东京、横滨等地修学旅行，了解各地方特点，下农田插秧，学习日本传统染织工艺，到中华美食街品尝美食等活动。在参观校学生书法绘图、手工工艺制作、蜡染、服装制作的作品展时，山田校长指着一些作品告诉笔者那是特殊班的智障学生的作品，尽管这些作品比正常学生的逊色，但作品布置待遇和正常学生的一样，让这些特殊学生在学校逐步学到一些技能，走上社会时能有谋生的技能。针对一些学生欺负小同学的现象，他们通过发放教科书，组织看录像，读道德文章，写感想，进行教育，并注意使学生在参加的各种活动中贯彻道德教化。如果智障学生表现出与别人不一样的情况，其他同学能给予包容。

　　校外的活动也很丰富。山田校长曾于1999年应邀访问江苏，那次他回国后，极力推行每周 5 天学习制，周六、周日放假。为将双休日活动组织安排好，他发挥学校、家庭、社区三个方面的作用，在双休日组织进行棒球、乒乓球、篮球比赛，还有音乐会、乐器演奏会、野外写生等。各种俱乐部吸收学生自愿参加，特殊班的学生也享受同样的权利。山田校长所学的专业是美术，但也担任篮球俱乐部教练。所有教练都是自愿的，没有任何酬劳。通过这些活动，使学生在智力发展的同时，体力、团队精神等也得到均衡发展。

在非义务教育阶段，日本国家和地方政府对教育的拨款比例有很大不同。学校采取了按家长收入情况收取费用的方式，即高收入家庭须缴纳较高的学费，低收入家庭，缴纳较低的学费，经济困难的家庭，可申请减免费。这也体现出一种教育平等的精神。

日本学校里没有各种奥林匹克班，2002 年却有两人分别获得诺贝尔化学和物理奖，由此可见教育均衡化的深远影响。

五、美国新教师上岗的十项指南述略

1. 新学期伊始二十七项提示

新教师初上任，往往带着美好的憧憬，又充满难以避免的忐忑。由于交织着兴奋、新奇和焦虑，他们很容易顾此失彼，使已作了充分准备的教学不能按原先设计的方式呈现。在这时，逐项检查下面的提示，将是十分有益的。

（1）教案准备就绪。检查自己的教案和一切课堂教学材料和用具，尽力做到有条不紊。

（2）制定规则。与你的学生一起制定至少五条以上课堂规则，督促学生执行。

（3）介绍自己。向学生简要介绍你的经历，分享你以往的喜乐。

（4）留下好印象。让学生知晓你已作了充分的准备，对一切了若指掌。

（5）表述清晰。明白无误地告诉学生你对他们的期望和要求，使他们知道自己要做的事。

（6）记住学生的名字。尽快认识学生，叫得出每个人的名字。

（7）激发好奇心。营造氛围，让学生的好奇心得到尽情的展现，对突出学生给予鼓励和奖赏。

（8）慢节奏授课。初次上课，新教师往往语速快，进度快，放慢节奏，自己可从容调整，也可使每个学生跟上步伐，体验成功。

（9）寻找好帮手。在同事中尽快发现专业强又可以依赖的"帮手"，他

会成为你的好带教。

（10）设法让家长参与。设想多种方法鼓励学生家长参与教育活动。

（11）与每位家长通电话。新学期内尽快与每位学生家长通电话，建立联系方式。

（12）确立班级目标。你须和本班同学一起确定本学期的发展目标，这样师生可朝着同一方向共同努力。

（13）树立积极形象。在同学中始终保持积极、热情、乐观、向上、充满活力的形象。

（14）树立本班的精神气质。确立本班学生引以为豪的独特精神气质，保持并发扬下去。

（15）布置课堂。以一种独特的装饰使课堂成为吸引学生注意力的地方。

（16）做好每日记录、在老教师指导下形成"班级日记"制，以观察、反思教学活动。

（17）对特殊儿童的特殊对待。对特殊儿童的特殊需求要做好准备，事先需求教特殊教育工作者和专业人员。

（18）与学校各方人员建立联系。参加学校的各类活动，与教职员工等专业及非专业人员均建立广泛的联系。

（19）确立有效的管理制度。与任课教师一起制定班级管理制度，以对课室形成有效的日常管理。

（20）树立自豪感。为你和你学生的成绩感到自豪，增强自信心。

（21）运用想象力。想象你是学校做得最好的，而且将越来越好。

（22）保持公正。尊重学生，尽量以公正公平的方式处理每一件事。

（23）不隐匿自己的成绩。理直气壮地向校方及教育批评者宣传你和同事取得的成就。

（24）学会放松。记住你已竭尽所能做得最好了，你是这儿的惟一，你该放松自己的精神。

（25）明了你的权利。仔细阅读你的合同书和协议书，明了你作为教育聘用者的权利和职责。

（26）参加教师协会。你的教师协会会员身份将保护你的权益，也会使你获得专业发展的机会。

（27）始终保持幽默感。幽默感是教学活动中必不可少的要素。

2. 维持良好纪律的十二项提示

良好的班级纪律往往是初任的新教师向往却又难以做到的事，由于缺乏经验和对学生的了解，新教师遇到纪律问题常感到手足无措。而如一开始不能控制班级局面，缺少恰当而有力的措施，纪律状况将会日益严重，学生的自觉遵纪行为就难以迅速养成。因此，如何宽严相济、循循善诱，出现问题时能从容以对，使学生形成正确的观念，这是每个上岗初期的新教师首先面临的挑战。以下是一些行之有效的策略。

（1）公正而友好。成为学生信任的人——坚持原则，公正，友好，尊重他人，有幽默感。

（2）维持课堂秩序。始终使课堂成为有条不紊的、愉快的场所，赞扬良好的学生行为。

（3）了解你的学生。在深切把握你学生的基础上发展"第六感觉"，预见可能出现的麻烦，防患于未然。

（4）使学习充满情趣，让学生感到兴趣盎然，学校是个吸引人的、有情趣的地方。

（5）避免争吵。学习中的讨论值得提倡，但无谓的争吵必须避免，特别是你不可当着学生面与人发生争执。

（6）制定简单明了的规则。课堂规则无须多，但要明确、简单、易行，且须反复宣讲。

（7）不要用威胁语。不要以威胁性语言来强制纪律的执行，严禁在班里当众羞辱学生。

（8）让学生了解你的关心。使学生知晓你始终在关爱他们，与学生一起讨论确定哪些是可以接受的行为，哪些必须抵制。

（9）了解并执行政策。了解你学区有关学生纪律维护的政策，参照实施。

（10）寻求帮助。及时向校长、老教师、教师协会求教，学习运用相关的策略。

（11）联系家长。家长和学校保安是你确保良好学习环境的重要联盟和资源。

（12）避免贸然行动。如遇较大的问题，切忌单独贸然行动，需求得有经验教师的指导。

3. 关于家庭作业的十一项提示

家庭作业是教学活动重要的组成部分，是学生养成自觉学习行为的关键环节，也是教师及时获取反馈、掌握学生接受程度、调节教学进展的主要渠道。尽管对家庭作业数量多少、程度难易等基本问题，不同的教育哲学理念有不同的看法，但作为学习过程中围绕知识获取和内化的一种实践性的操练，以及师生双方在教与学上一个重要的互动途径，家庭作业是不可或缺的，也是新教师顺利开展教学必须把握的重要一环。

（1）切忌把家庭作业作为惩罚的手段。

（2）布置回家作业不能靠一时冲动，要有长久周全的考虑。

（3）你布置作业时学生未提问题，不能据此以为学生在做作业中不会发生疑问。

（4）你必须明白，并非所有类型的家庭作业对每一个学生都有价值，家庭作业的成效是因人而异的。

（5）说明每一项作业的目的是什么。

（6）承认并赞扬学生在完成家庭作业时所做出的努力。

（7）倾听学生诉说他们在完成作业过程中的各种体验。

（8）向学生及其家长清楚地表明老师对每次家庭作业的期望，鼓励学生恰当地求助家长。

（9）无论校内校外，随时向学生提供作业上的援助。对于哪些作业必须独立完成，你要心中有数。

（10）对于学生未完成家庭作业的借口及合情合理的理由，教师必须作出区分。

（11）及时收回已完成的作业，尽快批改评分后发还，不要拖沓。

4. 帮助学生树立自尊的七项提示

每个班里总会有一些沉默、内向、孤僻、缺乏自尊和自信心的孩子，美国教育研究者将其称之为介于黑白之间的"灰色儿童"。他们没有明显的纪律问题，学习成绩处于中下游，但性格懦弱，遇事胆怯，看不到自己的成绩和能力，不相信别人对自己的关注和欣赏。因此，周围人，特别是老师对他们的态度，是他们发生转变，形成自信心的关键。新教师踏上工作岗位，必然会面对各种"灰色儿童"，以下的建议虽然平实，但提供了行之有效的策略。

（1）使学生感受成功。创造一种无失败的学习情境，把学习任务分解成一个个易于实现的步骤，从而让学生体验到连续不断的成功。

（2）你的期望要符合实际。明确告知学生你的期望，观察他们能否接受。

（3）设法激发学生的兴趣。尽量使学生对你的课发生浓厚兴趣，他们就不会有抵触情绪，从而建立自信。

（4）避免"好坏""对错"的直接评判。以积极正面的语言评价学生的学习，诚恳地坦言你的感受。

（5）大力宣扬成就。先当众赞扬学生取得的成绩，然后通过"成功卡"让家长分享，这样成功就会接二连三地出现。

（6）建立成功档案。做好学生档案袋，把他们优秀的作文、绘画、考卷及其他成功的作品归入其中。

（7）动员家长参与。鼓励家长、监护人在亲友前展示孩子的作业，对其特点和进步作出赞美性的点评，并珍藏他们每一学年的资料。

5. 与家长沟通的十二项提示

美国是主张多元文化并存的国家。不同的学生，其父母的文化传统、教育程度、宗教信仰有着巨大的差异，而与家长的沟通又是教育工作者的必经之路，因此如何有效地沟通有着不同背景的家长，积极发挥他们在教育活动中的作用，是新教师必然面对的重大问题。以下是一些有价值的建议：

（1）确保你与家长联系的任何书面材料必须语意明确，规范而专业。

（2）所有分发给家长的文字材料必须做备份，归入自己设计的档案记录袋。

（3）注意通知、准假条、学校活动说明等文字格式的规范性，可采用简洁明了的复制表格。

（4）文字书写避免语法拼写错误。

（5）注意"通知"上日期、时间、地点的准确无误。

（6）避免文字材料的不规范用语，如某些流行"哩语""暗语"之类，以及某些过分专业化的用语。

（7）打印或规范书写给家长的信。

（8）沟通前考虑一定的时间提前量，以便家长有充分的时间行动并提供反馈。

（9）请带教老师校正、修改你的书面沟通材料。

（10）给校领导书面材料的复件。

（11）确立家长反馈制，确定反馈的具体内容和最后时限。

（12）养成记沟通日志的习惯。与家长的每一次沟通，包括会面、电话等，必须把要点记载下来，这一沟通日志对于把握下列情况尤为重要：你对家长建议的反馈；家长帮助学生的设想；学生的纪律问题及你的看法；安全风险及你的建议；有关教学材料基金的使用问题；对课程调整的要求；损害公物及暴力行为的处置；学生与学校管理者的矛盾及你的态度；对学生的观察与评价；学生吸毒、酗酒症状及你的措施；家长的虐童及放任倾向和你的态度，等等。

6. 成功举行家长会的十五项建议

（1）父母二人都须邀请。事先搞清学生家庭的组成，是完整的、单亲的、监护性的还是领养的，绝不妄加猜测，以免出现尴尬。

（2）尽早主动与家长沟通。学期开始即以电话、信函与家长联系，简要陈述课程和期望，以及家长联络你的方式。

（3）家长会要有充足的时间。因为你要与每位家长个别沟通，同时你也需一定的喘息时间。

（4）会前作充分准备。对每个学生的学习状况、能力、技能、成就、特长、心理要了若指掌，能回答家长的具体疑问。

（5）展示学生的相关资料。每次家长会要整理并展示出学生最近的发展状况，如作业本、测验卷、奖状等。

（6）让家长感到宾至如归。开会前你须站在校门口迎候家长，以正确的名字向他们致意，这样家长就会很放松，与你也会有较好的配合。

（7）会场设置要和谐平等。不要站在讲台上居高临下与家长说话，最好围圈而坐，可以平等交流。

（8）以正面评价开始会议。会议在开始阶段避免负面话语，尽量赞扬学生的进步和发展。

（9）你的评价要具体。避免用"好""坏"等词作抽象笼统的评说，谈到问题时要举例，建议要具体可操作，以便家长配合执行。

（10）避免过于专业化的教育用语。家长会的话须明白易懂。

（11）征求并倾听家长的意见。让家长在会上感到你的征询是诚恳的，你渴望求得他们的帮助，即便有的家长言辞犀利，态度敌视，你也不要在意。

（12）注重学生的潜力。父母易于偏袒自己的孩子，在家长会上你不能紧盯他们的缺点不放，或给予过分的批评，这样会引起家长的不满。

（13）运用积极的体态语。与家长对话时要保持微笑、点头、眼接触和一定的手势，让他们明白你始终在关注着。

（14）会议结束时要作小结。家长会结束前你须对讨论状况和下一步的做法进行简要的归纳，这样家长就会明了以后行动的方向。

（15）做好家长会记录。家长意见和建议的要点，今后欲改进的计划，这些都应记录归档。

7. 邀请来宾演讲的六项提示

邀请来访者作相关演讲，这是许多新教师常做的事，也是他们教学安排中的重要组成部分。但如何使这类讲座有机地融入你的教学，激发学生的学习热情，切实有效提高教学质量，起到事半功倍的效果，则是许多新教师难以把握的事。这里是你必须在来宾演讲前向其提及的六个建议。

（1）配备教学道具。来宾演讲一般比较忽略教具演示，而儿童更倾向于从实物、照片、录像中获得认知。当前以直观生动的 PPT 演示配合演讲，将是有效的方法。

（2）演讲中穿插提问。为使讲课取得及时反馈，演讲者要经常穿插各类提问，诸如"有谁见过……"，"你们去过……地方"等等。

（3）以多种形式使学生参与。对低年级儿童更要辅助各类形式的活动，如游戏，戏剧表演等，他们从实践活动中能吸收得更快。

（4）使学生感到愉悦。演讲要设计得跌宕起伏，有意外、惊奇、高潮、引人思索，始终吸引儿童的注意力。

（5）牢记儿童看问题有不同的视角。也许学生会问一些感兴趣的私人或离题的问题，你要理解，绝不能不予理睬，甚至冷言讥讽。

（6）宽容学生的自发性行为。学生参与活动时会表现出热情、兴奋及一些自发性行为，你应对此欣赏和宽容，不应将其视作无教养或对你的冒犯。

8. 展示你教师专业背景的八项提示

作为刚上任的新教师，你有必要让同事、学生、家长、社区人员等了解你的发展经历和专业背景，这样就能建立良好的公共关系，将有助于你今后教学工作的开展。

（1）自豪地展现你的资历和背景。将你的文凭、教师证书、获奖证书、荣誉证及奖品等均整理齐全，在一定的场合向大家展示。

（2）向学生说说你自己。让学生了解你的成长历程，你的个性爱好，以及你在校外的活动状况。

（3）布置个性化办公室。以家庭照片、个人纪念品、花草植物、书籍等反映你个性的物件装饰你的办公场所。

（4）社区活动带上你的家人和朋友。

（5）参加公益性活动。特别要参加由学生家庭发起的各类活动，包括体育比赛、志愿工作以及某些商业性活动，你应担任主要角色。

（6）常写感谢条。不失时机地向学生、家长、社区工作者等各方人士致谢，请用正规的学校信笺书写感谢条，以表明你的教师身份。

（7）制作个人名片，方便联络。

（8）校方应陈列每位教师的照片与资料。

9. 新教师做好自己专业档案袋的十项提示

（1）档案袋内的主要文件：教师证书、个人专业发展规划。

（2）还须包括学历证书、学位副本，大学学分证明。

（3）包括聘用信、聘用合同、附加责任的补充合同，教学进度表。

（4）地方协会的聘方合同。

（5）工资单，退休约定、假期活动安排记录。

（6）各类评价文本，成长计划书，奖品，获奖荣誉证书等。

（7）教师训练记录。

（8）对特殊需求学生进行有效教学与管理的记载。

（9）学校和学区领导写给你所有信函的副本。

（10）教师协会会员证、保险政策手册等。

10. 更新教师专业证书的七项提示

（1）注意你教师证书的有效期，你最好将其悬挂起来，以便提醒自己最后期限。

（2）注意证书更新机构地址的变更。

（3）注意你的个人发展规划应及时取得地方标准署（LSB）的认可。

（4）你必须获得有关部门对你专业发展实绩的最终认可，这是你更新教师专业证的依据。

（5）教师档案袋必须收有下列文档：你为取得教师证更新所开展的所有活动的记载：你达到地方教育当局颁布的教师标准的情况记载。

（6）向 LSB 提交档案袋材料。包括：完整的个人专业发展规划，达到 LSB 标准的具体情况记载，作为更新依据的教育活动实绩记载，下一阶段的新个人专业发展规划等。LSB 就可据此向证书颁发办（LO）作出推荐。

（7）向 LO 递交已完成的证书更新表格、LSB 的认可批件、费用以及必要的文档。（上海师范大学戈白文原文载于《外国中小学教育》2006 年 11 月

刊）

六、美国中小学的高质量教育

美国强调中小学高质量教育，其主要内容和特点如下：

（1）教育观念方面：十分强调个性化和协作精神的结合，强调理论和实践的结合。

（2）教学内容方面：教材形式多样化，固定课本与教师补充材料结合使用；教学安排多元化，学科性系统性内容与专题性综合性内容并存；教学内容广泛化，大幅度精简传统、陈旧的知识内容的同时，大量广泛增加新兴的、现代的知识内容。

（3）教学要求方面：美国中小学教育的又一个明显特点是教学要求的多层次。即使是必修的数学课的代数，也有高、中、低几种不同要求的教材供学生选择，然后分班教学。同时，不管是哪种要求的教材，在相同知识的总体要求上大都不高于我国的通用教材，特别在理论深度、逻辑的严密性和习惯的技巧性上，更是大大地放低了要求，降低了难度。因此，即使是学习高要求教材的学生，也有充分的时间和精力，去发挥自己在体育、艺术、科学等方面的爱好。

（4）教学方法方面：教学形式从教师全班性的教和学生个体性的学，变为小组化的集体性教学。一般中小学的教学形式，不像我国这样是实行全班性教学的。他们的座位基本上是四人一组，集群教学。教师既可全班讲，又可按小组进行教学指导。

教学手段从粉笔、黑板、笔记本，变为投影、电脑、计算器及各类教具、学具、实物的综合使用。所有教室都配有投影仪；学校配有电脑房；中学都配有 50～100 台能显示函数图像的计算器，让学生在数学课上轮流使用。

教学方式从单纯的书本知识的传授，变为同时强调实际应用和在实地进行教学，在应用实践中加深对知识的理解。"问题解决"已成为美国教学的基本要求。

小学和初中的教学十分活泼，教师着眼于激发学生学习的兴趣，设计了不少活动和游戏，让学生在轻松愉快的气氛中学习。学生的课外作业量不大，教师主要在课内当面进行矫正。而初中以上学生的作业，往往已不仅是一般的习题，而是学习报告，如调查报告、心得报告、课题报告等。

由于上述几方面的特点，美国学生的知识结构发生了变化。学习知识面宽，兴趣广泛，熟悉电脑，注意协作，重视联系实际，不愿意学习不大有用的东西。因而，美国学生有较强的研究能力、适应能力和务实能力。

七、法国小学老师的历史课教育

"上星期我们学了法国的哪一段历史？当时法国碰到了什么问题？"学生们七嘴八舌地争着回答："是新教徒和天主教徒发生战争！""为什么有人是'新教徒'？""因为教堂的人生活太好，和人民的生活不一样"。老师又问："什么是'教堂的人'？"学生们答道："教皇"，"还有主教"，"还有神甫"。

"那么谁能告诉我，新教徒中两个最著名的人物是谁？"一个小家伙又要大声接老师的话茬，老师语调温和而又坚定地告诉他："别忘了先举手，听到我叫你的名字再回答！"

很显然，今天的课程要继续讲法国 16 世纪的历史。老师从回忆上节课的内容开始，然后给每人发了一张复印的、图文并茂的教学卷子，让大家轮流读上面的文字，讲解图画。

"1589 年，亨利四世成为国王。因为他是新教徒，天主教徒不接受他。于是他改教成了天主教徒，并在 1598 年签署了《南特赦令》，宽容新教，结束了宗教战争。"

老师问："什么是'宽容'？"

学生答："就是尊重"、"尊重不同的想法"。

"后来，亨利四世的一个大臣肃利，提出'只有耕地和放牧才能使国家富强'的口号。他指挥修路、挖运河，减轻农民税负，禁止贵族到稻田和葡萄园中狩猎。"

老师又问一个小姑娘："为什么亨利要发展农业？""让国家更繁荣。""什么叫'繁荣'？"小姑娘答不上来，另一个机灵的男孩抢着说："就是更富有。"

"而亨利四世本人则负责推广织毯、丝绸、玻璃器皿制作等手工业，同时，为了保护新兴的法国手工业，还提高了此类高级制品的进口关税。"

老师又问："以前，这些高级制品都是哪里生产的？"学生们齐声回答："远东"、"中国"。

半个多小时后，老师又发给每人一张练习卷子，上面有十来道选择题，都是有关刚才课程内容的。学生们自己做完了，又在老师的带领下核对了一遍。这堂历史课就算结束了。

接下来的数学课，讲的是"角"的基本知识，有几种角，如何画，如何量，等等。法国课堂的气氛十分活跃，老师充分调动学生的积极性，学生学起来很轻松。

　　法国四年级学生课本内容不深，但课程很多，除法语和数学外，还有历史（也涉及一些世界史和当代史）、地理、科学常识、动植物知识、生理卫生知识。教材都是一页一页的复印纸。教师不给小学生留家庭作业，虽然有的教师也会留一些类似阅读等少量不太费时费力的作业，但时间绝不会超过一个小时。

教学模式的发展趋势

教学模式是教学活动的基本结构，每个教师在教学工作中都在自觉不自觉地按照一定的教学模式进行教学，只不过这里有一个你采取的是否科学合理的问题。了解教学模式的历史发展有助于人们借鉴传统和对当代各种新教学模式的理解，有助于人们把握教学模式的发展趋势。

系统完整的教学模式是从近代教育学形成独立体系开始的，"教学模式"这一概念与理论在 20 世纪 50 年代以后才出现。不过在中外教学实践和教学思想中，很早就有了教学模式的雏形。

古代教学的典型模式就是传授式，其结构是"讲—听—读—记—练"。其特点是教师灌输知识，学生被动机械地接受知识，书中文字与教师的讲解几乎完全一致，学生对答与书本或教师的讲解一致，学生是靠机械的重复进行学习。

到了 17 世纪，随着学校教学中自然科学内容和直观教学法的引入，班级授课制度的实施，夸美纽斯提出应当把讲解、质疑、问答、练习统一于课堂教学中，并把观察等直观活动纳入教学活动体系之中，首次提出了以"感知—记忆—理解—判断"为程序结构的教学模式。

19 世纪是一个科学实验兴旺繁荣的时期。赫尔巴特的理论在相当的程度上反映了当时科学发展的趋势。他从统觉论出发，研究人的心理活动，认为学生在学习的过程中，只有当新经验已经构成心理的统觉团中概念发生联系时，才能真正掌握知识。所以教师的任务就是选择正确的材料，以适当的程序提示学生，形成他们的学习背景或称统觉团。从这一理论出发，他提出了"明了—联合—系统—方法"的四阶段教学模式。以后他的学生莱因又将其改造为"预备—提示—联合—总结—应用"的五阶段教学模式。

以上这些教学模式都有一个共性，它们都忽视了学生在学习中的主体性，片面强调灌输方式，在不同程度上压抑和阻碍了学生的个性发展。所以在 19 世纪 20 年代，随着资本主义大工业的发展，强调个性发展的思想的普遍深入与流行，以赫尔巴特为代表的传统的教学模式受到了挑战，应运而生的杜威的实用主义的教育理论得到了社会的推崇，同时也促进了教学模式向前推进了一步。

杜威提出了"以儿童为中心"的"做中学"为基础的实用主义教学模式。这一模式的基本程序是"创设情境—确定问题—占有资料—提出假设—检验假设"。这种教学模式打破了以往教学模式单一化的倾向，弥补了赫尔巴特教学模式的不足，强调学生的主体作用。强调活动教学，促进学生发现探索的技能，获得探究问题和解决问题的能力，开辟了现代教学模式的新路。

当然，实用主义教学模式也有其缺陷。它把教学过程和科学研究过程等同起来，贬低了教师在教学过程中的指导作用，片面强调直接经验的重要性，忽视知识系统性的学习，影响了教学质量。因此在20世纪50年代受到了社会的强烈批评。

20世纪50年代以来，随着科学技术的发展，教育面临着新的科技革命的挑战，促进人们利用新的理论和技术去研究学校教育和教学问题。现代心理学和思维科学对人脑活动机制的揭示，发生认识论对个体认识过程的概括，认知心理学对人脑接受和选择信息活动的研究，特别是系统论、控制论、信息加工理论等的产生，对教学实践产生了深刻的影响，也给教学模式提出了许多新的课题。因此这一阶段在教育领域出现了许多的教学思想和理论，与此同时也产生了许多新的教学模式。

1. 从单一教学模式向多样化教学模式发展

自从赫尔巴特提出"四段论"教学模式以来，经过其学生的实践和发展逐渐以"传统教学模式"的名称成为20世纪教学模式的主导。以后杜威打着反传统的旗号，提出了实用主义教学模式，20世纪50年代以来一直在"传统"与"反传统"之间来回摆动。50年代以后，由于新的教学思想层出不穷，再加上新的科学技术革命使教学产生了很大的变化，教学模式出现了"百花齐放、百家争鸣"的繁荣局面。据乔伊斯和韦尔1980年的统计，现在教学模式有23种之多，其中我国提出的教学模式就有10多种。

2. 由归纳型向演绎型教学模式发展

归纳型教学模式重视从经验中总结、归纳。它的起点是经验，形成思维的过程是归纳。演绎型教学模式指的是从一种科学理论假设出发，推演出一种教学模式，然后用严密的实验来验证其效用。它的起点是理论假设，形成思维的过程是演绎。归纳型教学模式来自于教学实践的总结，不免有些不确

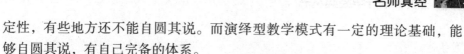

定性，有些地方还不能自圆其说。而演绎型教学模式有一定的理论基础，能够自圆其说，有自己完备的体系。

3. 由以"教"为主向重"学"为主的教学模式发展

传统教学模式都是从教师如何去教这个角度来进行阐述，忽视了学生如何学这个问题。杜威的"反传统"教学模式，使人们认识到学生应当是学习的主体，由此开始了以"学"为主的教学模式的研究。现代教学模式的发展趋势是重视教学活动中学生的主体性，重视学生对教学的参与，根据教学的需要合理设计"教"与"学"的活动。

4. 教学模式的日益现代化

在当代教学模式的研究中，越来越重视引进现代科学技术的新理论、新成果。有些教学模式已经开始注意利用电脑等先进的科学技术的成果，教学条件的科学含量越来越高，充分利用可提供的教学条件设计教学模式。

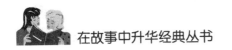

各种教学模式综述

教学模式是教学理论的具体化，是教学实践的概括化的形式和系统，具有多样性和可操作性，因此教师对教学模式的选择和运用有一定的要求，教学模式必须要与教学目标相契合，要考虑实际的教学条件针对不同的教学内容来选择教学模式，当然首先还是要了解有哪些教学模式，它们的特点是什么。

一、传递——接受式

该教学模式源于赫尔巴特的四段教学法，后来由前苏联凯洛夫等人进行改造传入我国。在我国广为流行，很多教师在教学中自觉不自觉地都用这种方法教学。该模式以传授系统知识、培养基本技能为目标。其着眼点在于充分挖掘人的记忆力、推理能力与间接经验在掌握知识方面的作用，使学生比较快速有效地掌握更多的信息量。该模式强调教师的指导作用，认为知识是教师到学生的一种单向传递的作用，非常注重教师的权威性。

（1）理论基础。

根据行为心理学的原理设计，尤其受斯金纳操作性条件反射的训练心理学的影响，强调控制学习者的行为达到预定的目标。认为只要通过联系——反馈——强化，这样反复的循环过程就可以塑造有效的行为目标。

（2）教学基本程序。

该模式的教学基本程序是：复习旧课——激发学习动机——讲授新课——巩固练习——检查评价——间隔性复习。

复习旧课是为了强化记忆、加深理解、加强知识之间的相互联系和对知识进行系统整理。激发学习动机是根据新课的内容，设置一定情境和引入活动，激发学生的学习兴趣。讲授新课是教学的核心，在这个过程中主要以教师的讲授和指导为主，学生一般要遵守纪律，跟着教师的教学节奏，按部就班地完成教师布置给他们的任务。巩固练习是学生在课堂上对新学的知识进行运用和练习解决问题的过程。检查评价是通过学生的课堂和家庭作业来检查学生对新知识的掌握情况。间隔性复习是为了强化记忆和加深理解。

（3）教学原则。

教师要根据学生的知识结构的认知水平对教学内容进行加工整理，力求使所传授的知识与学生原有的认知结构相联系。充分发挥教师的主导作用，教师在传授知识的时候需要很高的语言表达能力，同时要对学生在掌握知识时常遇到的问题有所经验与觉察。

（4）辅助系统。

课本、黑板、粉笔、挂图、模型、投影仪等。

（5）教学效果。

优点：学生能在短时间内接受大量的信息，能够培养学生的纪律性，能够培养学生的抽象思维能力。缺点：学生对接受的信息很难真正地理解，培养单一化、模式化的人格，不利于创新性、分析性学生的发展，不利于培养学生创新思维和解决实际问题的能力。

（6）在运用这种模式时的建议。

在介绍讲解性的内容上运用比较有限，当期望学生在短时间掌握一定的知识去应试时比较可行，教师不可在任何教学内容上都运用这种模式，长此以往必然造成一种"满堂灌"的教学模式，非常不利于学生的全面发展，从而培养出一大批没有思想与主见的高分低能者。

二、自学——辅导式

自学辅导式的教学模式是在教师的指导下自己独立进行学习的模式。这种教学模式能够培养学生的独立思考能力，在教学实践中也有很多教师在运用它。

1. 理论基础

从人本主义出发，注意发挥学生的主体性，以培养学生的学习能力为目标。这种教学模式基于先让学生独立学习，然后根据学生的具体情况教师进行指导。它承认学生在学习过程中试错的价值，培养学生独立思考和学会学习的能力。

2. 教学基本程序

自学辅导式的教学程序是：自学——讨论——启发——总结——练习巩固。教师在教学中根据学生的最近发展区，布置一些有关新教学内容的学习任务组织学生自学，在自学之后让学生之间交流讨论，发现他们所遇到的困难，然后教师根据这些情况对学生进行点拨和启发，总结出规律，再组织学生进行练习巩固。

3. 教学原则

自学内容难度适宜，教师在教学过程中要适时点拨，先进行自主学习，后教师进行指导概括和总结。

4. 辅助系统

要提供必要的学习材料和学习的辅助设施，给学生自学提供有力的支持。

5. 教学效果

优点：能够培养学生分析问题、解决问题的能力；有利于教师因材施教；能发挥学生的自主性和创造性；有利于培养学生相互合作的精神。缺点：学生如果对自学内容不感兴趣，可能在课堂上一无所获，需要较长的时间；需要教师非常敏锐地观察学生的学习情况，必要时进行启发和调动学生的学习热情，针对不同学生进行讲解和教学，所以很难在大班教学中开展。

6. 实施建议

最好选择难度适时学生比较感兴趣的内容进行自学，教师要有很高的组织能力和业务水平，讲师避免讲解而是多启发。

三、探究式教学

探究式教学以问题解决为中心的，注重学生的独立活动，着眼于学生的思维能力的培养。

1. 理论基础

依据皮亚杰和布鲁纳的建构主义的理论，注重学生的前认知，注重体验式教学，培养学生的探究和思维能力。

2. 基本程序

教学的基本程序是：问题——假设——推理——验证——总结提高。首先创设一定的问题情境提出问题，然后组织学生对问题进行猜想和做假设性的解释，再设计实验进行验证，最后总结规律。

3. 教学原则

建立一个民主宽容的教学环境，充分发挥学生的思维能力，教师要掌握

学生的前认知特点实施一定的教学策略。

4. 辅助系统

需要一定的供学生探究学习的设备和相关资料。

5. 教学效果

优点：能够培养学生创新能力和思维能力，能够培养学生的民主与合作的精神，能够培养学生自主学习的能力。缺点：一般只能在小班进行，需要较好的教学支持系统，教学需要的时间比较长。

6. 实施建议

在探究性教学中教师一定要尊重学生的主体性，创设一个宽容民主平等的教学环境，教师要对那些打破常规的学生予以一定的鼓励，不要轻易地对学生说对或错，教师要以引导为主切不可轻易告知学生探究的结果。

四、概念获得模式

该模式的目标是使学习者通过体验所学概念的形成过程来培养他们的思维能力。该模式主要反映了认知心理学的观点，强调学习是认知结构的组织与重组的观点。

1. 理论基础

布鲁纳、古德诺和奥斯汀的思维研究理论。他们认为分类是把不同的事物当作相等看待，是将周围的世界进行简化和系统化的手段，从而建立一定的概念来理解纷繁复杂的世界。布鲁纳认为所谓的概念是根据观察进行分类而形成的思想或抽象化。在概念形成的过程中非常注重事物之中的一些相似成分，而忽略那些不同的地方。在界定概念的时候需要五个要素：名称、定义、属性、例子以及与其他概念的相互关系。

2. 基本程序

概念获得模式共包含这些步骤：教师选择和界定一个概念——教师确定概念的属性——教师准备选择肯定和否定的例子——将学生导入概念化过程——呈现例子——学生概括并定义——提供更多的例子——进一步研讨并形成正确概念——概念的运用与拓展。

3. 教学原则

帮助学生有效地获得概念是学校教育的基本任务之一。概念获得模式是采取"归纳—演绎"的思维形式。首先通过一些例子让学生发现概念一些共同属性，掌握概念区别于其他概念的本质特征。学生在获得概念后还需要进行概念的理解，即引导学生从概念的内涵、外延、属、种、差别等方面去理解概念。为了强化学生对概念的理解，还应该把与概念相关的或相似的概念、逻辑相关概念、相对应的概念等等进行辨析。学习的目的在于运用，在运用的过程中我们可以发现学生对概念的掌握程度，可以及时地采取补救措施。

4. 辅助系统

需要大量正反例子，课前教师需要精心的准备。

5. 教学效果

能够培养学生的归纳和演绎能力，能够形成比较清晰的概念，能够培养学生严谨的逻辑推理能力。

6. 实施建议

针对概念性很强的内容实施教学，课前教师要对概念的内涵与外延要做很好的梳理。

五、巴特勒的自主学习模式

20 世纪 70 年代美国教育心理学家巴特勒提出教学的 7 要素，并提出"七段"教学论，在国际上影响很大。

1. 理论基础

它的主要理论依据是信息加工理论。

2. 教学程序

基本教学程序是：设置情境——激发动机——组织教学——应用新知——检测评价——巩固练习——拓展与迁移。

他的教学七步骤中的情境是指学习的内外部的各种情况，内部情况是学生的认知特点，外部情况是指学习环境，它的组成要因素有：个别差异、元认知、环境因子。动机是学习新知识的各种诱因，它的主要构成要素有：情绪感受、注意、区分、意向。组织是将新知识与旧知识相互关联起来，它的主要构成要素有：相互联系、联想、构思、建立模型。应用是对新知识的初步尝试，它的构成要素有：参与、尝试、体验、结果。评价是对新知识初步尝试使用之后的评定，它的组成要素有：告知、比较、赋予价值、选择。重复是练习与巩固的过程，它的主要组成要素有：强化、练习、形成习惯、常规、记忆、遗忘。拓展是把新知识迁移到其他情境中去，它的构成要素有延伸、迁移、转换、系统、综合。

3. 教学原则

巴特勒从信息加工理论出发，非常注重元认知的调节，利用学习策略对学习任务进行加工，最后生成学习结果。教师在利用这种模式的时候，要时常提醒学生进行反思自己的学习行为。要考虑各种步骤的组成要素，根据不同情况有所侧重。

4. 辅助系统

一般的课堂环境，掌握学习策略的教师。

5. 教学效果

这是一个比较普适性的教学模式，根据不同教学内容它可以转化为不同的教学法，只要教师灵活驾驭就能达到他想要的教学效果。

6. 实施建议

教师应该是一位研究型的教师，具有一定是教育学和心理学的知识，掌握元认知策略，就可以灵活运用这种教学模式。

六、抛锚式教学

这种教学要求建立在有感染力的真实事件或真实问题的基础上。确定这类真实事件或问题被形象地比喻为"抛锚"，因为一旦这类事件或问题被确定了，整个教学内容和教学进程也就被确定了（就像轮船被锚固定一样）。

1. 理论基础

它的理论基础是建构主义。建构主义认为，学习者要想完成对所学知识的意义建构，即达到对该知识所反映事物的性质、规律以及该事物与其它事物之间联系的深刻理解，最好的办法是让学习者到现实世界的真实环境中去感受、去体验（即通过获取直接经验来学习），而不是仅仅聆听别人（例如教师）关于这种经验的介绍和讲解。由于抛锚式教学要以真实事例或问题为基础（作为"锚"），所以有时也被称为"实例式教学"或"基于问题的教学"或"情境性教学"。

2. 基本程序

抛锚式教学由这样几个环节组成：

（1）创设情境——使学习能在和现实情况基本一致或相类似的情境中

发生。

（2）确定问题——在上述情境下，选择出与当前学习主题密切相关的真实性事件或问题作为学习的中心内容。选出的事件或问题就是"锚"，这一环节的作用就是"抛锚"。

（3）自主学习——不是由教师直接告诉学生应当如何去解决面临的问题，而是由教师向学生提供解决该问题的有关线索，并特别注意发展学生的"自主学习"能力。

（4）协作学习——讨论、交流，通过不同观点的交锋，补充、修正、加深每个学生对当前问题的理解。

（5）效果评价——由于抛锚式教学的学习过程就是解决问题的过程，由该过程可以直接反映出学生的学习效果。因此对这种教学效果的评价不需要进行独立于教学过程的专门测验，只需在学习过程中随时观察并记录学生的表现即可。

3. 教学原则

情境设置与产生问题一致，问题难易适中要具有一定的真实性，在教学中要充分发挥学生的主体性。

4. 辅助系统

巧设情境，合作学习。

5. 教学效果

能培养学生的创新能力、解决问题能力、独立思考能力、合作能力等。

6. 实施建议

创设情境适时抛出问题，注意情境感染与熏陶作用。

七、范例教学模式

范例教学模式比较适合原理、规律性的知识。是中学思想政治课教学最基础的内容之一。他是美国教育心理学家 M·瓦根舍因提出来的。

1. 理论基础

遵循人的认知规律：从个别到一般，从具体到抽象的过程。在教学中一般从一些范例分析入手感知原理与规律，并逐步提炼进行归纳总结，再进行迁移整合。

2. 基本程序

范例教学的基本过程是：阐明"个"案——范例性阐明"类"案——范例性地掌握规律原理——掌握规律原理的方法论意义——规律原理运用训练

"范例教学"主张选取蕴含本质因素、根本因素、基础因素的典型案例，通过对范例的研究，使学生从个别到一般、从具体到抽象、从认识到实践理解、掌握带有普遍性的规律、原理的模式。所谓范例性地阐明"个"案，是指用典型事实和现象为例说明事物的本质特征；所谓范例性阐明"类"案，是指用许多在本质上与"个"案一致的事实和现象来阐明事物的本质特征；范例性掌握规律原理是指从大量的"类"案中总结出规律和原理，在总结归纳的过程中，要注意对规律或原理的表述要准确，对规律原理的名称要清楚；掌握规律原理的目的和意义在于运用，因而教师要让学生掌握规律、原理的方法论意义；为了了解学生对规律和原理的掌握程度，从而获得反馈信息，规律原理的运用训练是教学必不可少的环节。

3. 教育原则

要遵循这个基本顺序：从个别入手，归纳成类；再从类入手，提炼本质特征；最后上升到规律与原理。

4. 辅助系统

选取不同的带有典型性的范例。

5. 教学效果

有助于培养学生的分析能力，有助于学生理解规律和原理。

6. 实施建议

比较适合社会科学中的一些原理和规律教学，范例要有一定的代表性，最好能激发学生的兴趣。

八、现象分析模式

1. 理论基础

它主要基于建构主义的认知理论，非常注意学生利用自己的先前经验对问题进行解释。

2. 基本程序

现象分析模式的基本教学程序是：出示现象→解释现象的形成原因→现

象的结果分析→解决方法分析。在教学中，某种现象往往是以材料的形式出现的，学生要能通过现象揭示其背后的本质。

3. 教育原则

现象能够反映本质规律，创设民主环境，充分发挥学生的主体性，让他们进行解释说明。

4. 辅助系统

真实的现象感受，最好有音像辅助设备。

5. 教学效果

培养学生的分析能力、综合能力。

6. 实施建议

教师要调动学生的思维，让他们去发现现象背后的规律；选取的现象要具有一定的典型性，能揭示背后的规律。

九、加涅模式

1. 理论基础

依据信息加工理论，加涅认为学习的条件分为内部条件和外部条件，内部条件又进一步分为基本先决条件和支持性的先决条件。支持性的先决条件在学习过程中起辅助作用，但是没有这些条件学习也可以发生，而如果缺少基本先决条件则是不行的。不同的学习类别需要不同的学习条件，并能产生五种类型的学习结果：言语信息、智力技能、认知策略、动作技能、态度。言语信息包括名称、符号、事实和原则。为了使言语信息的学习得以发生，言语信息的内容对学习者必须是有意义的。考查言语信息是否掌握，必须对一些事实进行提问。智慧技能，包括辨别、概念、规则、和高级规则。智慧技能的学习是通过呈现许多规则和例子以指导学习者找到正确的答案。可以通过要求学习者解决特定的问题来考查学习结果。认知策略，对这种技能的教学方法是演示或说明策略后，学习者练习，一旦学生熟悉了一个问题，新的问题就要呈现，以帮助学生将策略迁移，或者评价学生对策略的掌握。动作技能，反复练习对这种技能的掌握是关键。可以通过完成任务的时间或者精确性来测试对动作技能的掌握。态度，强化相依原理在态度学习中起主要作用。

加涅的学习层级论主要适用于智慧技能的学习。学习层级论，也称累积学习理论，其基本观点是：学习任何新的智慧技能都需要某种先前的学习，学习是累积性的。按照复杂性程度的不同，由简单到复杂，加涅将智慧技能分为八个层次：信号学习、刺激——反应学习、连锁学习、言语联想、辨别学习、概念学习、规则学习和高级规则学习。其中前四类学习是学习的基础形式，总称联想学习。学校教育更关注的是后面四类的学习。

加涅把人的学习过程等同于电脑对信息的加工处理，在他的学习理论中要点是：注意、选择性知觉、复诵、语义编码、提取、反应组织、反馈。

2. 基本程序

按照电脑加工信息的步骤（环境——接受器——登记——编码——反应器执行监控——效应器——环境），他提出九步教学法：

（1）引起注意

（2）告知目标

（3）刺激回忆先决条件

（4）呈现刺激材料

（5）提供学习指导

（6）引发业绩

（7）提供业绩正确程度反馈

（8）评价

（9）增强保持与迁移

加涅认为学习这九个阶段可合并为三个部分，即准备、操作和迁移三个部分。

准备包括接收、预期、提取到工作记忆中。对应的教学事件是引起注意、告知目标、刺激回忆先前的知识。操作包括选择性知觉、语义编码、反应、强化。对应的教学事件是呈现刺激、提供学习指导、引出行为、提供反馈。学习迁移包括提取和强化、提取并一般化。对应的教学事件是评价行为、促进保持与迁移。

十、奥苏贝尔模式

奥苏贝尔是认知结构理论的具体化的实用者。他通俗地认为认知结构就是书本知识在学生头脑中的再现形式，是有意义学习的结果和条件。他着重强调了概括性强、清晰、牢固、具有可辨别性和可利用性的认知结构在学习过程中的作用，并把建立学习者对教材的清晰、牢固、认知结构作为教学的主要任务。奥苏贝尔的有意义学习理论着重强调了认知结构的地位，围绕着认知结构提出的上位学习、下位学习、相关类属学习、并列结合学习和创造学习等几种学习类型，为新旧知识是如何组织的提供了一条较有说服力的解释。自他之后，认知结构理论才真正引起人们的重视并为人们广泛理解。

1. 理论基础——"有意义接受学习"理论

美国著名教育心理学家奥苏贝尔在对学习类型做深入研究的基础上，将"学习"按照其效果划分为"有意义学习"与"机械学习"两种类型。所谓有意义学习，其实质是指："符号表示的观念，以非任意的方式和在实质上（而不是字面上）同学习者已经知道的内容联系在一起。所谓非任意的和实质上的联系是指这些观念和学习者原有认知结构中的某一方面（如一个表象、一个已经有意义的符号、一个概念或一个命题）有联系。"换句话说，要想实现有意义的学习真正习得知识的意义，即希望通过学习获得对知识所反映事物的性质规律及事物之间关联的认识，关键是要在当前所学的新概念、新知识（即"符号表示的观念"）与学习者原有认知结构中的某个方面（表象、概念或命题）之间建立起非任意的实质性联系。只要能建立起这种联系就是有意义的学习，否则就必然是死记硬背的机械学习。奥苏贝尔认为，能否建立起新旧知识之间的这种联系，是影响学习的最重要因素，是教育心理学中最基本、最核心的一条原理。正如他的代表性论著《教育心理学一种认知观点》一书的扉页中用特大号字所表述的："假如让我把全部教育心理学仅仅归结为一条原理的话，那么，我将一言以蔽之曰：影响学习的唯一最重要因素就是学习者已经知道了什么。要探明这一点，并应据此进行教学。"

奥苏贝尔指出，要想实现有意义学习可以有两种不同的途径或方式：接受学习和发现学习。接受学习的基本特点是："所学知识的全部内容都是以确定的方式被（教师）传递给学习者。学习课题并不涉及学生方面的任何独立的发现。学习者只需要把呈现出来的材料（无意义音节或配对形容词；一首诗或几何定理）加以内化或组织，以便在将来某个时候可以利用它或把它再现出来。"发现学习的基本特点则是："要学的主要内容不是（由教师）传递的，而是在从意义上被纳入学生的认知结构以前必须由学习者自己去发现出来。"奥苏贝尔还强调指出，如果根据学习引起的能力变化来区分学习类型（能否实现有意义学习是引起能力发展变化的关键），即根据用何种方式来引起能力变化（也就是用何种方式来实现有意义学习）。那么，就只能区分出

"接受学习"与"发现学习"两种，而所有其他的学习类型皆可并入到这两大类型之中。他认为目前学术界对学习类型的众多分类（如"辨别学习"、"概念学习"、"尝试错误学习"、"条件反应学习"、"配对联想学习"……）实际上都是"没有按照这些学习类型所引起的能力变化来区分学习"的结果。

2. "先行组织者"教学策略

奥苏贝尔不仅正确地指出通过"发现学习"和"接受学习"均可实现有意义学习，而且还对如何在这两种教学方式下具体实现有意义学习的教学策略进行了研究，特别是对"传递——接受"教学方式下的教学策略作了更为深入的探索，并取得了成为教学论领域一座丰碑的出色成果——"先行组织者"教学策略。这是在分析与操纵三种认知结构变量（即原有认知结构的可利用性、可分辨性和稳固性等三个变量）基础上而实施的一种教学策略，由于它具有认知学习理论作基础又有很强的可操作性，自奥苏贝尔于1978年提出以来，其影响日益扩大，目前，它已成为实现"有意义接受学习"的最有代表性、最具影响力、也是最见实际效果的教学策略之一。

3. 动机理论

奥苏贝尔不仅在对学习过程的认知条件、认知因素进行深入研究的基础上提出了"有意义接受学习"理论和"先行组织者"教学策略，而且他还注意到影响学习过程的另一重要因素即情感因素的作用，并在这方面提出了独到的见解（在当代众多教育心理学家中，能重视情感因素的作用并对此进行认真研究的并不多见），这些见解可归纳如下：

（1）他认为，情感因素对学习的影响主要是通过动机在以下三个方面起作用：

①动机可以影响有意义学习的发生。由于动机并不参与建立新旧概念、新旧知识之间的联系，所以并不能直接影响有意义学习的发生，但是动机却能通过使学习者在"集中注意"、"加强努力"、"学习持久性"和"挫折忍受力"等方面发挥出更大潜能而加强新旧知识的相互作用（起催化剂作用），从而有效地促进有意义的学习。

②动机可以影响习得意义的保持。由于动机并不参与建立新旧知识之间的联系和新旧知识的相互作用，所以也不能直接影响习得意义的保持，但是保持总是要通过复习环节来实现，而在复习过程中动机仍可通过使学习者在"集中注意"、"加强努力"、和"持久性"等方面发挥出更大潜能来提高新获

得意义的清晰性和巩固性，从而有效地促进保持。

③动机可以影响对知识的提取（回忆）。动机过强，可能产生抑制作用，使本来可以提取的知识提取不了（回忆不起来），考试时由于心理紧张，动机过强，影响正常水平发挥就是一个例子；反之，有时动机过弱，不能调动起学习者神经系统的全部潜力，也会减弱对已有知识的提取。

（2）他认为，动机是由三种内驱力组成的。

由于动机是驱使人们行动的内部力量，所以心理学家常把动机和内驱力视为同义词。奥苏贝尔认为通常所说的动机是由"认知内驱力"、"自我提高内驱力"和"附属内驱力"等三种成分组成的。

认知内驱力是指要求获得知识、了解周围世界、阐明问题和解决问题的欲望与动机，与通常所说的好奇心、求知欲大致同义。这种内驱力是从求知活动本身得到满足，所以是一种内在的学习动机。由于有意义学习的结果就是对学习者的一种激励，所以奥苏贝尔认为，这是"有意义学习中的一种最重要的动机"。例如，儿童生来就有好奇心，他们越是不断探索周围世界，了解周围世界，就越是从中得到满足。这种满足感（作为一种"激励"）又会进一步强化他们的求知欲，即增强他们学习的内驱力。

自我提高内驱力是指儿童希望通过获得好成绩来提高自己在家庭和学校中地位的学习动机。随着年龄增长，儿童自我意识增强，他们希望在家庭和学校集体中受到尊重。这种愿望也可以推动儿童努力学习，争取好成绩，以赢得与其成绩相当的地位。自我提高内驱力强的学习者，所追求的不是知识本身，而是知识之外的地位满足（受人敬重、有地位），所以这是一种外在的学习动机。

附属内驱力是指通过顺从、听话从父母和老师那里得到认可，从而获得派生地位的一种动机。这种动机也不是追求知识本身，而是追求知识之外的自尊满足（家长和老师认可），所以也是一种外在的学习动机。

上述三种不同成分的动机对每个人来说都可能具有，但三种成分所占的不同比例，则依年龄、性别、文化、社会地位和人格特征等因素而定。在童年时期，附属内驱力是获得良好学业成绩的主要动机；童年晚期和少年期，附属内驱力降低，而且从追求家长认可转向同龄伙伴的认可；到了青年期和成人，自我提高内驱力则逐渐成为动机的主要成分。前面强调了内在动机（认知内驱力）的重要性，但决不应由此贬低外部动机（特别是自我提高内驱力）的作用。在个人的学术生涯和职业生涯中自我提高内驱力是一种可以长期起作用的强大动机。这是因为，与其他动机相比，这种动机包含更为强烈的情感因素既有对成功和随之而来的声名鹊起的期盼、渴望与激动，又有对失败和随之而来的地位、自尊丧失的焦虑、不安与恐惧。

由上面关于"动机理论"（包括动机成分的组成与动机的作用等两个方面）的介绍可以看出，奥苏贝尔确实对情感因素在认知过程中的作用与影响作了较深入的研究。如果我们在教学设计或在课件脚本设计过程中能根据学习者的不同年龄特征，有意识地帮助学习者逐步形成与不断强化上述三种动机并在教学过程的不同阶段（例如在有意义学习发生、习得意义保持及知识提取等阶段）恰当地利用这些动机，那么，由于学习过程中认知因素与情感因素能得到较好的配合，所以定将取得更为良好的教学效果。

4. 基本程序

提出先行组织者——逐步分化——综合贯通。

十一、合作学习模式

它是一种通过小组形式组织学生进行学习的一种策略。小组取得的成绩与个体的表现是紧密联系的。约翰逊（D. W. Johnson，1989）认为合作式学习必须具备五大要素：①个体积极的相互依靠，②个体有直接的交流，③个体必须都掌握给小组的材料，④个体具备协作技巧，⑤群体策略。合作式学习有利于发展学生个体思维能力和动作技能，增强学生之间的沟通能力和包容能力，还能培养学生的团队精神，提高学生的学业成绩。

课堂里的合作有四点不足之处：首先，如果学得慢的学生需要学得快的学生的帮助，那么对于学得快的学生来说，在一定程度上就得放慢学习进度，影响自身发展。其次，能力强的学生有可能支配能力差或沉默寡言的学生，使后者更加退缩，前者反而更加不动脑筋。第三，合作容易忽视个别差异，影响对合作感到不自然的学生的学习进步。最后，小组的成就过多依靠个体的成就，一旦有个体因为能力不足或不感兴趣，则会导致合作失败。

十二、发现式学习模式

发现式学习是培养学生探索知识、发现知识为主要目标的一种教学模式。这种模式最根本的地方在于让学生像科学家的发现一样来体验知识产生的过程。布鲁纳（J. S. Bruner）认为发现式教学法有四个优点：

（1）提高学生对知识的保持。

（2）教学中提供了便于学生解决问题的信息，可增加学生的智慧潜能。

（3）通过发现可以激励学生的内在动机，引发其对知识的兴趣。

（4）学生获得了解决问题的技能。

根据许多心理学家对这种教学模式的研究，它更适合于低年级的教学，但是在课堂上运用太费时间，又难以掌握。

另外还有研讨教学模式、基于前概念的探究教学模式等，由于篇幅所限这里不再一一介绍。

教学方法的选择

教学方法是教师和学生为了达到教学目标，完成教学任务，由教学原则作为指导，借助一定的教学手段（工具、媒体或设备），而进行的师生相互作用的活动。它是教师引导学生掌握知识技能，获取身心发展而共同活动的方法。它包括教师"教"的方法和学生"学"的方法，而且两者相辅相成，缺一不可。在教学过程中，教师和学生都必须采用一定的方法、运用特定的形式和利用恰当的媒体，才能顺利完成教学。

教学方法是多种多样的，每种教学方法都有独特的作用，有一定的适用范围。在实际教学中，教师往往是要综合考虑教学的各个相关因素，选取适当的教学方法，并合理地加以组合来完成教学的。下面我们来看看教学方法的选择依据、程序，优选标准。

一、教学方法的选择依据

1. 教学的目标、任务

每节课都有一定的教学目标和任务，要选择与之相应的能够实现教学目标、完成教学任务的方法。如要使学生掌握新知识，常用讲授法、谈话法；为使学生获得感性知识，常用演示法、参观法，等等。

2. 教材内容

教材的学科性质与教学方法的关系十分密切。如语文、外语学科常常采用讲授法；物理、化学、生物学科常用讲解与演示相结合的方法，音乐、美术学科多用练习法，等等。在教学进程中的某一阶段，随着具体教学内容的不同，也要采用不同的方法。如语文教学，在教诗歌时，朗读的训练较多，教小说题材的文章时，较多地应用谈话法；理科讲公式、定理时多用讲解法，讲科学家传记和发明创造时多用讲述法。

3. 学生的年龄特点和知识水平

低年级学生注意力易分散，理解力不高，教学方法宜多样化且具有新颖性；高年级可适当采用谈话法或讨论法。如果学生缺乏对所学内容的感性认识，可采用演示法；已有相应的感性认识时就不必再使用演示法。

4. 教师的素养条件

使用某种教学方法需要教师具有相应的素养。有些方法虽好，但教师缺乏必要的素养，驾驭不了，就不能产生良好的效果。教师在选择教学方法时应扬长避短。

5. 学校的设备条件和教学时间

不少教学方法的运用需要一定的设备条件。如演示教学法需要一定的直观教具，实验教学法需要一定的仪器、材料，程序教学法需要有程序教材和教学机器，等等。学校不具备相应的条件，教师可因陋就简，尽量创造条件加以运用，但不宜过分强调。

二、教学方法的选择程序

要实现教学方法的优化，还需要考虑适当的选择程序。前苏联教育家巴班斯基认为要实现教学方法的优化，除了强调选择的标准之外还有一个优选的程序问题，他把选择教学方法的程序问题称作选择教学方法的算法，即开始选哪些方法，随后选哪些方法的步骤，然后归纳出教师在选择教学方法时的一般顺序：

第一步：决定是选择由学生独立地学习该课题的方法，还是选择在教师指导下学习教材的方法。

第二步：决定是选择再现法，还是选择探索法。

第三步：决定是选择归纳的教学法，还是选择演绎的教学法。

第四步：决定关于选择口述法、直观法和实际操作法的如何结合问题。

第五步：决定关于选择激发学习活动的方法问题。

第六步：决定关于选择检查和自我检查的方法问题。

第七步：认真考虑所选择的各种方法相结合的不同方案。

三、教学方法的优选标准

前苏联教育家巴班斯基根据教学最优化的理论，综合了主要教育家的意见，提出了教学方法的选择，要取决于以下六个方面的优选标准。

1. 教学方法符合教学规律和原则的标准

巴班斯基指出，过去一些教育著作常常只在有关教学原则的一章中提到教学必须遵循教学规律和原则。而在谈及教学方法的选择时就没有明确的提到这一点，这种前后不一致的叙述，为教师的活动制造了人为的困难，使他看不到教学论各基本范畴之间的相互联系以及逻辑上的相互制约性。事实上，只有在教学规律和原则的指导下，教师才能自觉地选择各种教学方法的合理结合。

2. 教学方法符合教学目的和任务的标准

巴班斯基强调，在选择教学方法时，应了解各处教学方法在解决一定任务时的可能性，并对其效果进行比较分析。这样可以防止片面地夸大某些方法在教学过程中的作用，避免讲授法的程式化。从而真正做到结合具体条件选择最佳方法。

3. 教学方法符合教学内容的特点的标准

由于教学任务必须通过教学的具体内容来实现，所以在选择教学方法时应尽可能考虑教材的特点，以及为掌握该内容所必需的学生智力动作的性质。如前所述，方法被定义为内容的运动形式。由此出发，这一标准就显得格外重要。由于教材内容具有不同的内在逻辑和特征，有些内容以采用归纳法为好，有些内容则最好使用演绎法，有些内容适用探索法，有些内容则不适用，因此应注意揭示各类方法所适用的内容范围，以供教师在选择时参考。

4. 教学方法的选择应考虑学生的可能性的标准

该标准要求教师在选择教学方法时，应预先了解学生对探索法、演绎法、独立性的实际操作法的准备水平，研究学生的学习态度、进行自我检查的水平和工作能力，并据此将组织刺激和检查方法合理地结合起来加以运用。同时，教师还应努力扩大能发展学生独立性的教学方法的使用范围。在研究单个学生的基础上，掌握整个班级的可能性也是十分重要的。这样做有利于教师有的放矢地选择符合班级特点的教学方法。

5. 考虑教师利用各种教学方法的可能性的标准

按着这条标准，教师可以根据自己在绘画，讲故事等方面具有的才能，在选择教学方法时充分发挥自己的长处。

6. 考虑教师利用各种教学方法的结合所具备的时间的标准

在选择教学方法时，教师应考虑时间因素，以保证按时完成教学进度。例如，问题性探索法和归纳法一般较复现法、演绎法需要更多时间，因此，

139

在受到时间限制时，教师不得不放弃最初选择的一整套方法，以便不超过规定的时间。巴班斯基指出，上述标准是一个整体，在选择时应综合利用上述一套标准，忽略其中任何一种标准，都会破坏选择程序的完整性，从而影响选择效果。为了帮助教师根据上述一整套标准选择教学方法的最佳结合形式，巴班斯基提供了教学方法的优选练习。

教学方法具有科学性与艺术性的双重特性，因此"教学有法，教无定法"。教师既要根据教学本身所具有的规律选择和运用教学方法，又要善于对教学方法进行艺术性的再创造，灵活地加以利用。

科学评价教学方法

教师在选择和运用一定的教学方法之后，要对教师教学方法的选择和运用做出科学的评价。对教师所用的教学方法做出科学的评价，会有力地促进教师们的教学方法向最优化方向发展。否则，优劣不清，是非不明，是不利于研究和改进教学方法的。而什么是好的教学方法呢？

良好的教学方法，应当具有这样两个特点，一是目的、方法、效果的统一性；二是教学的高效率性。

1. 目的、方法、效果的统一性

教学方法是为实现教学目的服务的，为了实现教学目的，才采用一定的教学方法。所以方法的好坏，首先要看这种方法能否有效地促进教学工作，实现教学目的。教学目的实现与否，则是通过教学效果来检查的，而效果衡量的标准，不是以个人的好恶，而是根据教学活动所规定的教学目的来判定，因此好的教学方法，必然是教学的目的、教学方法和教学效果的较好的统一。

当具体评价教学方法时，就必须全面地了解本单元教学使学生掌握知识技能的任务是什么，要求进行哪些思想教育及要求培养哪些方面的智能，研究其实际体现得如何，是否有效地发挥这些方面的效能作用。

在具体评价效果时，切忌脱离具体条件，孤立评价教师运用某一教学方法的好坏。还要看教师当时的种种具体条件，例如，学生原有的知识水平，原有的班纪班风情况，教师的文化程度和教龄等等。不能简单地用一个统一的分数来衡量教师运用教学方法的教学效果。有时能使分数不及格的差生达到 60 分，就可以说是方法产生了良好的教学效果。

2. 教学的高效率性

看教学效果是一个重要的方面，但不能只限于此，还要研究教学效率。

有时教学效果虽然不错，但由于它是教师、学生花费了极大的时间精力和较高的物质消耗取得的，从教学效率看，却是不高的，好的教学方法，教学效率应该高，即投入较少的人力、物力、时间，而获得良好的教学效果。有效提问，提高课堂效率。

教学中最常运用的方法

　　教学方法既是一门科学，又是一门艺术。课堂教学中能否优选教法或综合采用多种教学方法是教学成败的关键之一。教学方法是多种多样的，每种方法都有各自的特点。所以，在教学方法上就既有个性也有共性，不能千篇一律地采取某一种教学方法，应从实际出发，创造性地综合采用多种教学方法。任何教学方法的实施都不是孤立的，而必须依赖于一定的条件。下面我们分别就几种重要的教学方法作一些阐述。

　　科学、合理地选择和有效地运用教学方法，要求教师能够在现代教学理论的指导下，熟练地把握各类教学方法的特性，能够综合地考虑各种教学方法的各种要素，合理地选择适宜的教学方法并能进行优化组合。

一、讲述教学法

　　讲述教学法又被称之为讲演法，是指以教师为主导，由教师以口述语言向学生传授各种知识的教学方法。讲述教学法起始于5世纪的希腊时代，在中世纪大学中盛行起来。直到今天，讲述教学法仍然是教师常用的教学方法。随着社会的变化和时代的变迁，讲述教学法在课堂中的运用已日益呈现出多种不同的混合形式。比如，除了教师本人的讲述外，辅之以少量实例；信息技术手段也逐渐成为讲述的重要辅助工具；讲述越来越多地与讨论等方法结合运用。

1. 理论假设

　　讲述教学法的理论假设认为，存在一套系统性和结构性的学术知识或技巧甚至价值体系，这些知识对人的成长与发展至关重要而且可以通过传授来使学生加以掌握。这些知识记载于不同的教材、参考书中，完全可以通过教师的讲解传递给学生。从这一假设出发，讲述教学法在教学目标、教师角色、学生角色、学习方式和学习评估方面都有自身的特性。

　　教学目标：主要是向学生传授知识和技能，只要教师的讲授清晰无误，学生就能够从中掌握所传授的知识，教学任务就基本完成了。整个教学过程就是教师传递知识并且让学生再现知识的过程。

教师角色：教师的角色是知识传授者，他作为"术业有专攻"、"闻道在先"的成人，需要对所传递的知识、技能等有相当深刻的认识和掌握，通过他的讲解，学生能把握所传递的知识内容。在教学中教师是教学过程的主导者，他不仅策划教学进程，取舍教学内容，通过自己的讲解让学生有所理解，并且还担负教学评价者的职责，监控、监测学生知识掌握的程度。

学生角色：学生作为学习者，主要是坐在座位上静听、抄写笔记或偶尔回答教师的提问，大体处在一种被动的状态。学会或理解教师讲授的内容，学生的任务也就基本完成了。

学习方式：主要是教师对知识进行讲授，呈现知识之间的联系，展示知识的基本构成。课堂上典型表现方式就是教师讲学生听，学生缺乏对课堂的积极参与和主动思考。正是由于这一特征，讲述教学也常被人们称为"注入式"教学或"填鸭式"教学。

学习评估：评估的内容主要是围绕着所传授的知识来进行，评估的方式主要是闭卷考试。

2. 理论依据

（1）有意义言语学习理论。

美国著名心理学家布鲁纳曾将教学方法区分为两类：讲解式和假设式。他认为："采用讲解式教学，讲解的方式、步调和作风，主要是由作为讲解者的教师决定的，学生只不过是听者罢了。""采用假设式教学，老师和学生便处于合作状态——学生不是静坐在课椅上的听者，而是投入系统的阐述中，有时还可在其间担任主要角色。"美国心理学家奥苏伯尔坚决否定布鲁纳把发现法作为课堂教学的基本方法，也不同意布鲁纳对讲解式教学的批评。相反，他认为，有意义的讲解式教学是课堂教学的基本方法。

为了使讲解式教学不致被误用和滥用，奥苏贝尔在理论上说明了它的心理学依据。他所提出的有意义言语学习理论认为，根据不同标准可把学生的学习分为接受的和发现的，机械的与有意义的。人们往往误认为，发现学习是有意义的，接受学习是机械的。其实，发现学习既可以是有意义的，也可以是机械的；同样，接受学习既可以是有意义的，也可以是机械的。奥苏贝尔认为，如果根据他阐明的有意义学习的心理过程和条件来进行讲解式教学，学生进行的接受学习就不是机械的和被动的，而是有意义和主动的。

奥苏贝尔的有意义言语学习理论认为，有意义学习必须具备三个条件：

第一，学生具有有意义学习的心理倾向，即积极地把新知识与自己认知结构中原有的适当知识关联起来的心理准备状态；

第二，学生认知结构中具有同化新知识的适当适应知识基础；

第三，要学习的新材料本身具有逻辑意义，不是随意编造的无意义材料。在学校课堂教学条件下，学生学习的材料一般都能符合学习的第三个条件。所以，在有意义学习的三个条件中，关键是学生的心理准备和原有知识基础。奥苏伯尔认为，讲解式教学只有在满足了上述三个条件之后才能进行。这样的讲解式教学不仅不会导致机械的和被动的学习，相反它是学校传授文化科学知识的基本形式。

（2）要素主义教育理论。

要素主义产生于20世纪30年代，代表人物是美国教育学家巴格莱等人。要素主义承认世界的变化，但强调人类文化中的"要素"或"精华"对于变化中的世界的价值。要素主义也因此而得名。

在知识论上，要素主义认为知识就是思想和观察到的事实相符合。知识的获得是一个过程，在这个过程中，个体要用自己的智慧对一些零星的、片断的事实加以反省思考，这样才能对世界的真正本质以及目的有较好的理解。这种获得知识的方法基本上是一个理性的过程，而且，人类的理性可以使个体把从经验中获得的一些材料整理成知识，所以，从根本上说，认识获得的过程是联系从事认识的个体和有待认识的外部世界的桥梁。

在要素主义来看，教育就是传授真理、传授知识的艺术。重要的是，教师传授的必须是真理，至于儿童对所学的东西是否有兴趣，那是次要的。当然，教师在传授真理的前提下，也要引起学生对真理的兴趣。学校应该成为传授"文化遗产"的机构，要通过教育使这些遗产在新生的一代中再生出来。

要素主义认为，教育过程中的主动性在于教师而不在于学生，教师应该处于教育过程的中心地位。知识是客观存在的，而教师是知识的先行掌握者，他们是学生心目中的专家、权威。由于学生"想要"知道的东西和他们"应该"知道的东西往往不一致，甚至还常有冲突，在这种情况下，教师必须促使学生明白掌握真理是必要的，同时还应引导学生在没有形成自己的看法之前，首先明白前人是怎么认为的。除教学外，教师还应在课堂上承担着其他职责，比如，在教室里保证学生遵守纪律，维护严格的价值标准，为学生提供有益于学习的良好环境等。也就是说，只有在教师的指导和控制下，学生才能充分实现人类所具有的潜在的能力。

讲述教学法是教师最常采用的教学方法，它的历史悠久，容易操控，能以最经济的方法产生一定的学习成果，所以最为教师所乐用。由于讲述教学法是以教师为主导控制整个教学过程，所以它是最典型的以教师为中心的教学法。这种教学因多数都要讲述一些事实、现象，因而是常用的一种方法，特别是在语文、历史等文科教学上，运用的尤为广泛。

讲述教学法的特点是：主要传授知识和技巧予学生，只要教师所教的清晰无误，学生也能掌握所传授的知识，便是功德完满，其过程主要是传递知识，最重要的是有一定的系统且准确的学习内容，教师就把这内容传递给学生，而学生则要尽可能完整无误地表达所接受的内容。

讲述教学法的局限是：容易形成被动的学习习惯；氛围单调乏味；未能照顾学习差异；不适用于年幼的或学术背景较弱的学生群体……

虽然讲述法是各种学科常用的教学方法，但不是唯一的方法。如果在课堂将此法当做唯一的方法，又不善于使用，将会出现下列弊病：①这一堂课完全由教师讲，就不易使学生保持良好的注意力；②学生主动活动的机会很少，不能培养学生主动探索精神和创造能力；③讲述太多，缺乏直观性教学活动，不易使学生理解问题；④有的教师讲述时，只把教材内容复述一遍，容易浪费学生时间。

上述问题的产生，有的是此教学方法的局限性所致，有的是因为教师不会应用。为避免上述缺点，教师在讲述时，应注意下列各项要求：①教师要认清讲述法的特点和利弊，不把讲述法当做唯一可行的方法，要和其它各种方法结合起来进行；②教师的讲述时间不宜过长；③教师讲述时要注意激发学生学习兴趣，强化其注意力；④教师讲述一段之后，可提出一些思考题，启发学生思考问题；⑤教师讲述时应尽量应用图片、图表、实物、模型、标本、幻灯等直观教具，使学生在接受教师讲述信息时，又能获得具体印象；⑥教师讲述，不要离题太远，少说题外话，要抓住重点，突出主要问题；⑦教师所讲述的内容，要切合学生的实际经验及已有的知识基础；⑧教师的讲述，要努力掌握讲述的艺术，利用恰当的语音语调和适当的表情，激发学生的学习热情，用比喻、形容、举例、讲故事等办法，使学生学得生动有趣。

二、故事讲述教学法

故事讲述能够成为基础教育的课堂教学技巧之一，源于它对儿童的成长有深远的影响。学生在成长的过程中，语言的吸收及表达是促进他们学习的重要元素，透过故事讲述，学生对故事的内容、词汇、语句有较多的认识和掌握，在聆听的过程中，他们学会如何运用各种词语句子，理解故事的脉络逻辑；在他们重组故事的叙述时，学生亦学会如何用语言表达故事的内容，故事讲述可以帮助学生通过故事联系他身边的事物，透过不同的时间、地点、空间去塑造或再塑造学生对事物的看法、价值观念、道德判断等，这对思维方法的发展都有一定影响。

同类别故事都有不同的知识范畴，如历史故事可以帮助学生认识相关历史，从而启迪历史观念及学习；读科学或自然现象的科学故事，可以让学生认识有趣的科学或自然现象，启发学生的科学思维；文学故事可以开拓学生的文学视野。故事讲述也是促进群体发展的教学方法，通过师生对故事分享的过程，教师与学生之间，学生与学生之间都自然建立了亲密的关系，消除彼此的隔膜，拉近彼此的距离，促使教学的和谐气氛。故事讲述的模式并非随意听之，而是有计划和目的而为的。虽然故事讲述大多和语文训练有关，但其它课程亦不乏以故事讲述作为教学的手段，只要目标明确，教材、方法合适便可。

故事讲述法的局限是：故事讲述需有一宁静、弹性较大的场地，让师生在一适当的时空讲述故事，但就目前状况而言，不易做到。故事讲述需教师较多的练习揣摩，才能讲得精彩，对教师有较高要求。故事讲述在让学生神驰于故事之中，感受故事中人的感受之际，教师如何引领学生领会故事背后的含义，又不流于说教，是最困难的事。

三、讨论教学法

讨论法，是学生根据教师所提出的问题，在集体中，相互交流个人的看法，相互启发，相互学习的一种教学方法。由于讨论，学生需要具有一定的知识和经验基础，所以在高年级使用比较多。

讨论法的主要特点是：讨论活动是以学生自己的活动为中心，参加活动的每一个学生都有自由表达自己见解的机会；每个学生都要听取他人的发言，都要准备个人的发言，学生在活动中，处于主动地位，这能很好地发挥学生学习的主动性和积极性。

讨论中的发言固然要围绕讨论的中心，但发言的内容，可以不受教材的限制，有利于发挥学生的独立思考和创造精神的能力。

讨论也是一种信息交流活动。这种信息交流，既不同于讲授法的单向信息交流，也不同于谈话法的双向信息交流，而是讨论集体成员之间的多向信息交流。学生的发言可以及时获得反馈信息，调节自己的缺点。多项信息交流中，每个同学的发言各有自己的看法、讲法（逻辑推理形式），学生可以在听取各种不同的发言时进行比较，取长补短，共同提高。

讨论不仅要发表自己的看法，同时对他人的不同看法，要提出事实和论据，有效地说服别人。这种讨论发言，单靠能牢记学过的死知识是不成的。因此讨论活动过程，有利于促进学生灵活地运用知识和提高分析问题解决问题的能力。

《白鹅》这篇课文的教学中，就很好地展现了讨论教学方法：

该教师把学生分成两种：一种是持"喜欢"态度的，另一种是持"不喜欢"态度的，然后各推选一名代表进行辩论赛，顿时课堂气氛进入高潮。

生1：我不喜欢白鹅，因为它只是一只家禽，吃饭时却一副大爷的样子，非要一口泥一口水一口饭这样配着吃，惹得狗、鸡都来偷饭吃。这样非要一个人去伺候它吃饭，太傲慢了！

生2：我喜欢白鹅恰恰是它吃饭的样子。虽然它只是只家禽，但就是有这种能量让人伺候它吃饭，否则大声呵斥。也许它吃泥也要选地方，那个地方的泥或许好吃一些，所以非要到那个地方去吃。我还喜欢它无论对谁都是大声呵斥，不偏不倚，不像狗，见了主人就摇头摆尾，一幅哈巴狗的样子。（哄堂大笑）

生1：我不喜欢它不忠诚，主人喂养它，它却大声呵斥，真是"狗咬吕洞宾，不识好人心。"（一阵大笑）

生2：这是它生性傲慢的表现，它虽固执，却立场坚定、一视同仁；虽有些迂腐，却个性张扬、质朴率直。

生1：我不喜欢它临死了还不跑，站着咬人。其实正像作者说的：这傲慢是狂妄的，家禽中最傲人的无过于鹅，最容易抓住的也无过于鹅。

生2（急切的语气）：所谓"士可杀不可辱"，白鹅临死了还不忘咬人一口，这表示它的坚强不屈，好像我们的革命战士。（哄堂大笑）

生1（支支吾吾）：……（同组的有点失望）

生2（高兴地）：我喜欢白鹅还因为它的肉很好吃，听妈妈说鹅肉还可治风湿病呢！它的羽毛可以做成扇子。

同组的同学着急地补充：听说它的"鹅内金"还可以做为药引呢！

两组同学在争论的过程中，我很激动，处于学生中的一员。显然，"喜欢"的一方占了上方。我及时收住，否则不知争辩到何时。

师（欣喜地）：萝卜青菜各有所爱。喜不喜欢一种事物是个人的自由。所谓"人是可爱才显得美",你们眼中的白鹅太可爱了,因此,白鹅的一身都是宝。

此时这堂课完美地结束。

在运用讨论教学法教学时,教师并不是放任自流,而是要适时地进行引导,或进行总结。一位教师在《熟能生巧》的教学过程中,课堂上出现了这么一个小高潮:

教师在总结全文的时候,问学生:"学完了课文,你有什么收获和感受?"学生小手林立,争着回答问题。

A生说:"我学会了文中的生字词,知道了'熟能生巧'的意思,就是熟练了就能想出巧妙的办法,或找出窍门。"

B生说:"我知道武士有'百步穿杨'本领,卖油老翁有从铜钱孔中注油,不沾湿铜钱的本领。我觉得他们真了不起。"

C生说:"我知道武士很骄傲,觉得他自己很了不起,故意卖弄,要知道'山外有山,人外有人'。这一点我觉得卖油翁做的比武士好。我喜欢卖油翁。"

……(以上学生都有自己不同的感受,说得都挺好的。)

突然,学生D站起来说:"我跟C不一样,我喜欢武士。因为武士身强力壮,他的本领能保护自己,保卫国家。而卖油翁的本领却不怎么样!我觉得武士比卖油翁厉害。"

听了D的发言后,学生们都把手举得更高了,有的甚至站了起来,或离开座位,有的则和旁边的同学私语起来,似乎在小声讨论卖油翁和武士到底谁厉害。此时,我想这是个让学生充分展示自我,体现他们个性的时候,也是讨论交流的良好机会。接着,便稍稍做了个安静的手势,说:"同学们,卖油翁和武士到底谁厉害呢?请你们有秩序地发自己的见解,能说明理由。"(学生稍稍安静)

有的说:"我觉得武士厉害,因为卖油翁年纪大了,书上都称他为老翁了。如果让他去拉弓射箭,肯定是不行的,人老眼花,一定射不准箭。"

马上就有人提出反对意见:"我觉得卖油翁厉害。如果让武士去注油,肯定会把油滴在铜钱上。"

紧接着,一学生反驳说:"武士年轻,还可以再学,而老翁胡子都已经白了(从书上插图中看出来),不可能练成武士那样的本领了。所以,我觉得武士厉害。"

又有一生说:"我觉得老翁厉害,不但注油的本领高,而且人也很谦虚,不像武士那样故意炫耀。"

此时的这位教师没有急于下结论,而是引导学生再去思考:是不是年纪大了,就不厉害了;武士和卖油翁的本领又是怎么练就的;卖油翁是在告诉武士,他比武士厉害吗;使学生更进一步地去深入理解探讨课文。

一项调查表明:学生普遍乐于接受课堂讨论法,这也许就是讨论法的独特魅力吧。

1. 讨论法优势

(1) 充分发挥学生在课堂教学中的主体性作用。

在整个教学活动中,师生的配合尤其是学生学习的主动性是完成教学活动的重要保证。讨论法能把课堂还给学生,学生从被动听课、记笔记转变为主讲人,课堂也从一言堂变为群言堂。充分肯定了学生在课堂教学中的主体地位,使学生成为课堂的主人,从而解决了传统教学所面临的难题。同时,学生在课堂地位的这种转变,使学生的学习动机也发生了变化——从"要我学"转变为"我要学"。这种主体意识的回归与觉醒,会产生极大的学习热情和学习动力,进而释放出巨大的潜力。所以说,讨论法充分发挥了学生的主体作用,也有利于激发学生的学习热情。

(2) 有利于培养学生的创新思维。

培养学生的创新精神是实施素质教育的核心和重点,新大纲在《教学目的》中增写了"注重培养创新精神",可见,对学生的创新思维训练是十分迫切的。讨论法相对于传统教学法来说,更有利于学生创新思维的训练。讨论法的前提就是允许不同意见,允许多角度思考问题,其中包括允许奇思妙想,甚至是奇谈怪论。所以,运用讨论法,教师就有意识地鼓励学生打破思维定势,突破传统的甚至是陈旧的观点的束缚,大胆地放手让学生发表自己的见解,使学生学会用不同的思维方式、别人忽略的思维方式来思考问题,进而做到全面地、发展地看问题。因此讨论法有利于学生创新意识的培养和创新能力的提高。

(3) 有利于提高学生的表达交流能力。

现代社会是一个多元化的社会,这就要求每一个社会成员都有充分表达自我的能力、与人沟通的能力和展示自我的能力。但是,随年龄的增长,学生在课堂上回答问题的次数也越来越少。大多数学生都放弃了在课堂上训练语言表达能力的机会。讨论法与其他的教学方法相比,更有利于学生提高表达交流能力。"讨论"，顾名思义，总是离不开语言表达的。因此，一次讨论的完成，每个学生都要动口，必要的时候还要加上手势，从而使自己的论述为大家所理解、接受、认同。经过多次的、反复的讨论，绝大多数学生都能在大庭广众下落落大方地、从容不迫地陈述自己的观点，提高学生的交流表达能力。

2. 运用讨论法需注意的问题

讨论法对提高学生能力等方面的确起到了非常大的作用，但就我尝试下来的经验我觉得在讨论法的运用上，不能放任自流，为讨论而讨论，教师应从讨论问题的选择、讨论过程的调控、讨论结果的评价等方面入手，解决讨论法运用上的误区。

（2）讨论问题的选择：应避免问题过于简单，难度太大，问题没有思考价值，问题没有新意等等。

①讨论的问题要便于学生对文章的整体把握和理解。

新教材最明显的变化就是要求学生对文章的整体把握和理解，所以教师再布置预习或设计问题时要重视对文章的整体把握和理解，而不是面面俱到。教师应往往选择带有全局性的问题，力求做到提纲挈领，使学生对文章有个整体的把握和理解。例如，教师在教学《老人与海》一文时，只提了一个问题，"你认为老人最后是胜利了还是失败了，为什么？"学生看完文章后，就开始讨论，各自发表见解。学生通过对这个问题的讨论，整体把握和理解了文章的结构和主题，收到了以点带面的效果。

②讨论的问题要便于培养学生创新思维。

对讨论问题的精心选择，要以训练和提高学生的创新思维能力为准则。要选择那些"启发性"的问题。如在教《老人与海》这篇文章中，教师提出这样两个问题："作者为何不把鲨鱼也带回家，你了解了作者海明威的经历和他的硬汉性格，请问如何理解海明威最后的自杀？"学生就此问题展开讨论，大家各抒己见，可见，对一个问题的不同理解，既加深了学生对课文主旨的认识，又为培养学生的创新思维提供了机会。

③讨论的问题要符合学生的认知水平。

在讨论过程中，讨论问题的难易程度直接关系到讨论的成败。讨论的问题过于简单，学生不用思考就能回答，这种讨论也就失去了意义；如果讨论的问题难度太大，脱离了学生的认知水平，结果，学生抓不住问题的关键，学生的讨论兴趣和热情就会锐减。所以，要选择那种学生既不容易回答而经过思考后又能回答的问题。例如，在讲授《三棵树》一课时，教师在学生明确文章描写了作者一生中的三棵树之后，提出的讨论问题是："这三棵树和作者的经历有何关系有无象征意义？"这个问题有一定的难度，但是学生经过短暂地思考，便开始讨论，纷纷说出自己的意见。只要讨论的问题符合学生的认知水平，就会激发起学生主动参与讨论的热情，从而产生"一石激起千层浪"、"一花引来百花香"的效果。

（2）讨论过程的调控。

教师在运用讨论法时，应把学生放在主体地位，以学生为本，而且要适当调控，切不可袖手旁观，要通过巡视及时了解讨论的进展情况。尤其是出现跑题、出现误解、出现冷场时。

（3）讨论结果的评价。

对讨论结果的评价是课堂讨论中不可缺少的一环。因为学生充分发表自己的意见后，并不知道正确的观点是怎样的，所以，教师的评价是十分必要的，也是十分重要的。

德国教育家第斯多惠曾说过："教育的艺术不在于传授本领，而在于激励、唤醒、鼓舞。"所以，对学生讨论结果的评价，应以激励为主。对学生正确的观点特别是对有独特见解的发言以及对平时不爱说话同学的发言，应给予肯定和表扬。可以说一些简洁但具有支持性的语言，比如"不错"、"说得对"、"好观点"等；也可以把学生的正确观点重复一遍，甚至直接引用学生的用语。对不正确的观点，不能无情地否决，而应先称赞其发言的积极性，然后再采用诱导的方法，将其错误观点一步一步引到正确观点的"轨道"上。不妨用"你的方向是正确的，再好好想一想"、"还差一点就行了"等诸如此类的话语。最后，要指出此次讨论中存在的普遍性问题和今后讨论中应注意的问题。总之，激励性的评价，能使学生感受到成功的喜悦，从而对自己有了信心，对讨论充满热情和期待。

希望讨论法在运用中不断完善、不断创新、不断提高，成为充分发挥学生主体作用，培养学生的创新思维和提高学生能力的一种有效途径。

四、探究教学法

探究指由学生主动去寻找知识及寻求问题解决的过程。

探究教学法是诱发学生自行思想去"探索"问题及发现答案的一种教学策略或计划，其根源可以追踪到1909年的杜威，当时美国的教育制度过分强调知识的摄取，而忽略思考的技能，故倡导一种类似问题解决的教法，提倡一种反省的思考，即对整个问题解决过程作一连串有系统的思考。七十年代以后崛起的教育社会学理念，其中布鲁纳的探究导向式学习理论也对探究教法有很大的影响。他指出教师教导学生某科时，目的不在增加那学生某学科的知识，而是鼓励他们要像科学家或历史学者一样思考，共同参与获得知识的过程，故此求知是一个过程，而非成果。

科学探究的过程包括提出问题、猜想和假设、制定计划、观察、试验、搜集整理信息、思考与结论、表达与交流。

探究教学法可以分为以下两类：

1. 指导式探究

教师在学生进行探究之前给予指示和引导，再让学生实际进行探索并自行发现答案。如果学生年龄较小或对探究课题认识较浅，教师就必须提供更多的资料及引导。在指导式探究教学当中，教师在问题的诱发，刺激反应，材料呈现及组织情境上都扮演着相当重要的角色，教师可以说是整个学习过程的带领者及组织者。我们来看下面这个案例：

一位家政科老师试图用指导式探究法令学生明白捏搓面粉时间多久是如何影响面团的发酵程度（注：捏搓面粉起码要有二十分钟以上，才能有较好发酵效果）。

陈老师在课堂中多次强调捏搓面粉要足够，小娟满怀疑惑地举手问："为何你要捏搓面粉那么久？"陈老师借着这问题希望开启学生探究之门。她说："这是一个很好的问题。小明，你又有何想法？"小明说："可能用意是令面粉糅合较好些。"学生小何说："对，如果我们捏得不够，可能烘制出来的面包会松散。"小张说："有可能会影响面粉里的酵素……"

陈老师，继续用探究方式跟同学交流："有没有其他同学能想出一个办法。查证其中的原因？"小林建议："我们可将面团分成三份，每份的搓捏时间不同，然后看结果。"小娟说："不如其中一份搓五分钟，一份搓十分钟，一份搓十五分钟……"小林随即跟着说："跟着我们一定要用相同的烘制方法……"陈老师见大家探究精神不错，便说："大家的建议都不错，但为有一个更彻底更完美的查证程序，我们还需要考虑什么其他的因素？"有的学生说用同一种面粉，用同一种烘炉，有人说搓法要一致，面团分量要一致。

陈老师引导学生认识到如要查证搓捏面粉时间不同是如何影响发酵的，首要任务就是要做到所有其他因素或变项均经过一致的监控处理，才能看出效果的不同以及理由。接着老师仔细开始实验，试着控制其他因素，但捏的时间不同，结果发现，发酵情况有很大不同；最后在老师的归纳引导下，学生作了暂定的规则，就是面粉一定要捏上一定的时间才能有好的发酵效果，但捏过这段时间，发酵情况变化则不大。

一般的指导式探究教学法像科学家做实验一样，首先是认定问题所在；二是作出假设；三是搜集资料；四是验证假设；五是推出通则。在整个过程中，学生都要懂得运用一些例如观察、分类、测量、沟通、预测及推论等科学探究技能。教师的作用：组织领导教学活动，提供指引及材料，鼓励学员主动思考，同时需要跟其他同学之间观察及沟通。

2. 非指导式探究法

在探究中，学生的主动性及积极性比教师的指导重要，教师居协助地位。靠学生的主动层层发问，直至最后找到答案。包括五步骤：

（1）问题之辨析通常老师利用一些矛盾事件激发学生好奇心及兴趣，引发后来的一连串探究式发问，那些矛盾事件可能是用文字或图表显示出来，一定要设计成看作相似及可以比较，但却有令人诧异之处，才可引导学生好奇心。

（2）作出假设鼓励学生提出各种与假设有关的问题，并给予回答。老师只可用："是"、"否"来回答学生的问题，而不会回答须由老师解释的问题。

（3）资料搜集通过师生的一问一答过程，收集资料，用来验证自己所提出的各种假设，作出修正。

（4）评估假设当假设成为暂时性的理论时，教师鼓励全班同学讨论该理论，并邀相关学生解释理论的形成过程。

（5）大致通则待理论被全班验证并通过后，教师指导学生讨论理论的应用性。

非指导式探究法也有一定的局限，具体体现在：教学用时量大，教材选择需切合学生的兴趣、需要、生活经验及背景，在学生初接触探究时，他们的演绎、分析、推断、概括等思考功夫往往流于武断、没根据、或模糊不清，老师需要有加倍的耐性、良好的提问能力，亲和力，思考如何营造一个有探究精神的学习环境。

教学目标能否实现，很大程度上取决于教学方法的选择。不但要依据教学目标、教学内容、教师个人特点、学生年龄特征选择教学方法，还要最大限度地调动学生学习的积极性，真正突出学生的主体地位。

我们来看下面这个教学案例：

一位教师再教学完《称象》一课后，布置了几项作业，学生可以有选择地完成：一、能否把你所知道的称象方法讲给别人听；二、能否跳出课本，通过查阅课外书、咨询大人或上网等方式，找到另一种称象的好方法；三、创造性地复述课文。

第二天早上，教师一进教室就被孩子们围个水泄不通，他们纷纷向教师展示自己的成果。教师仔细查阅每个学生的方法，以为不会有什么突破性的答案，但结果却令教师欣喜不已，孩子们的想法可多了。有人写道："把大象赶到一个盛满水的池子里，池子里的水会溢出来，再通过阿基米德定律就能算出大象的重量。"这是初中的物理知识啊！教师问他："你懂吗？""我妈妈给我讲的，我现在懂了，我以后一定要学好水的浮力知识。"教师高兴地说："很好。你很有志向。"有人写着："用巨型机器人可以称出大象的重量。"教师又问："现在有这种机器人吗？"这孩子腼腆地笑着说："以后我可以发明啊！"多么自信的回答呀，当时我听了别提多激动。讲故事的时候，不少同学都绘声绘色地进行了表演，赢得了同学们的阵阵掌声。

学生灵感的火花，有时是老师难以预料的。拓展性的课外作业，既紧扣教学要求，又激发了学生课外探究知识的兴趣，提高了他们学习的能力。

五、启发式教学法

教师引导学生积极思维，发展学生智慧的一种教学方法。同"注入式教学法"根本对立。其基本精神是要充分激发学生学习的内在动机，调动学生学习的主动性、积极性，促进学生积极思维，提倡学生自己动脑、动口、动手去获取知识，是以辩证唯物论的方法论为其理论基础的，是唯物辩证法在教学上的具体运用。它把教与学的过程解释为教师与学生，知识的掌握与能力的发展矛盾统一的运动过程。启与发的辩证关系是互为因果的关系，启是发的前提和条件，发是启的发展和结果。要使学生启而即发，就要教师启而得法。"启发"一词出自《论语·述而》："不愤不启，不悱不发"。

如何运用启发式教学呢？浅谈四点看法。

1. 激发动机，提高兴趣——这是启发式教学法的首要前提

俗话说："教得有趣，学得就有味。"就是说，教师在课堂上要重视学生的"学习情绪"。好的情绪使学生精神振奋，不好的情绪（受压抑、害怕，恼怒、反感）则抑制学生的智力活动。学生高高兴兴地学和愁眉苦脸地学，其效果是不相同的。学生的学习动机，主要在于兴趣。一个教师课堂教学艺术

的高超，就在于他能善于采用各种有效的方法引起学生学习的兴趣，调动学生积极参加教学活动，让学生在愉快的活动中接受新的知识。因此，"寓庄于谐"、"寓教育于游戏"，就成为使课堂教学情趣横生，学得生动活泼的好方法。学生的学习动机和兴趣，不能自发的产生，也不是通过空洞口号，简单的说教所能做到的。而是需要老师进行启发、教育和培养，把这种教育渗透到整个教学工作中。在阐明每一门课程的教学任务和每次学习内容时候，都要使学生明确学习目的；在进行每一新课教学时，也要适当地进行学习目的的教育。

例如，语文课在教《祖冲之》一课时，通过讲述祖冲之的刻苦钻研，严谨治学和坚持真理等可贵品质，激发学生奋发向上，为振兴中华而努力学习的热情。数学课在教《视图》这部分知识时，通过讲述图纸是生产建设中的语言，是生产建设中人们交流思想的工具，一个人不掌握这门科学，就无法把自己想象的东西表达清楚，提高学生的学习积极性和主动性。通过阐明新知识的意义和作用，使学生在每学一项新知识之前，都处于迫切求知，跃跃欲试的精神状态，具有用自己的全部精力与老师一道攻克知识堡垒的思想准备。只有在学生明确了学习目的，提高学习自觉性和主动性的基础上，才能"启"而得"发"，绝不会"启"而不"发"。

2. 激疑引思，揭示讲述——这是启发式教学法的重要手段

讲课是为了给学生"解疑"。"疑"是深入研究知识的起点，有"疑"，才有"思"；"思"而不解，才有"问"，有"究"；有"问"有"究"，才有所"得"。有"疑"才意味着有了学习的主动性和自觉性。

教学生有"疑"，实质上是培养学生发现问题的能力。那么，何时启发激疑，引起学生思考；又何时进行画龙点睛、揭析性的讲解呢，我认为要抓住本质的，主要的知识，关键的内容，根据每课的重点和学生的实际情况，在关键的时候，关键的地方进行启发激疑和揭示讲析。孔夫子主张"不愤不启，不悱不发"。就是让学生先思考，不到学生苦思冥想还想不通的时候，不去开导他，不到学生深入思考有所体会，想说而又说不出来的时候，不去启发他，给予他讲析。只有在关键时刻给学生画龙点睛的讲解分析，才能发展学生的独立思考能力，使之达到融会贯通，举一反三。

在教学中，如果学生"学无所疑"或不敢"疑"又怎么办呢，在此情况下，教师就要教学生有"疑"，善于"激疑"。利用学生新旧知识水平之间的矛盾，引导学生自己去发现矛盾，认识矛盾，打开思路想问题。要做好这步，

需要从预习抓起。教师要注意不让学生毫无准备地来听课。要他们带着问题来听课，已经理解了的，再来听老师讲，教师讲的与自己理解的不同，必然会引起他的积极思考。对于不懂之处，听老师讲课就会更专心。当然预习时教师还得给予指导，根据教材的难易给必要的提示。不然，也可能会"激"不起"疑"的。做好课前预习，这只是"激疑"的第一步。主要的还在于讲课时对所教的知识善于问几个"为什么"。我听过生物老师讲过一节课，他的"激疑"对我很有启发。他讲《微生物》一章时，教材里原有个结论"细菌都是有毒的。"这个结论显然是不够科学的，但学生并没有质疑。于是这位老师就启发道："大家都吃过腐乳，腐乳上的斑毛是什么？"学生说："也是一种细菌。"教师又问："为什么吃了这种细菌不会害肚子呢？"这一问，激起了学生的思考，从而深入探讨了酵母菌的知识，纠正了课本上不恰当的结论。可见，善于"激疑"犹如吹拂阵阵春风，"风乍起，吹皱一池春水"，打破学生脑海中的平静，使之波涛迭起，就能学有所得。

由此可见，教师在课堂教学中，善于设疑和激疑，同时善于在关键时候进行画龙点睛的讲析，对提高学生的独立思考能力和解决问题的能力很有帮助。

3. 引导多议，鼓励多问——这是启发式教学法的有效方式

教师在课堂上引导学生有疑，学生必然会提出许多问题。学生提出问题后怎么办，是由教师一个人忙于回答，还是发动学生一起来议论求得答案呢，我认为老师回答是不必要的，实际上也是不可能的。最好是引导学生多议多问，让学生展开讨论，鼓励学生自己解决问题。

议，即是不同观点，不同见解围绕共同的问题各抒己见。这样既相互提高，又相互补充，常常能暴露矛盾，走出"山重水复"的困境，开辟"柳暗花明"的新天地。在课堂上让学生多议，引导学生自己提出疑，并依靠师生的集体智慧来共同解决问题，这样学习，才学得生动活泼，学得主动。比如老师在上课时，提出一些学生不懂的问题或重要之处，多启发学生讨论，读中有议，议不清带着问题再读，读出问题再议，动口又动脑，就会使学生专心致志。让学生多议，相互启发，从中又会发现许多疑难问题。有了疑难问题，就再接着议。如此"疑""议"又"疑"再"议"，学生就能深入理解，牢固掌握知识。此外，正学生多议，还能使教师了解学生哪些懂了，哪些还不懂，哪些懂得多，哪些懂得少，就可以从实际出发进行教学。这样就能避免讲非所需，答非所疑，解非所惑，造成"多劳少得"或者"劳而无获"。

在启发学生多议时，难免学生提出这样那样的问题，教师不应压制他们，应鼓励他们多提出问题。好问，是学生的一个特点，这是他们求知欲旺盛的表现。教师应当保护学生的求知欲，使之不断提高。无论课内还是课外，教师要鼓励学生仔细思考，及时发现问题，勇于提出问题，善于解决问题。我国著名教育家陶行知在一首诗中提倡见疑发问："发明千千万，起点是一问。""人力胜天工，只在每事问。"史丰收在小学学算术时，向老师提出问题：为什么加法和乘法非要从低位数算起呢，有没有老师教的更快的算法呢，老师对这个不满十岁的孩子提出的问题，给以热情鼓励："你可以试一试。"从此，促使他着迷似的研究起速算法来，使他终于创造了《快速计算法》。如果学生的问题越来越多，有的问题出了"格"，提出些"离题"的或"钻牛角尖"的问题时，只要教师引导学生把问题综合归纳起来，分清主次，就能拔"乱"反"正"，抓"干"带"枝"。当众说纷纭时，教师应当好"引路人"，集思广益，当机立断，作出提纲挈领式的开导，使问题获得解决。同时使学生的思维又向前迈进一步。

4. "带"而不"背"，培养思维——这是启发式教学法的目的

启发式教学的目的，在于努力发展学生的思维能力，从而提高教学质量。为此，教师在教学过程中宜"带"不宜"背"。

"带"的教学方法是启发诱导的方法。早在二千多年前，我国的教育专著《礼记·学记》就提倡这种方法："道而弗牵（积极引导学生，而不要牵着他们的鼻子走），强而弗抑（严格要求学生，而不要抑制他们个性的发展），开而弗达（耐心启发学生积极思考，而不要代替他们作出结论）。""教学"是包含着"教"和"学"两个方面的实践活动。在这个实践活动中，"教"起着主导作用，"学"则是中心活动。"教"的效果如何，要从"学"这方面来看。动辄就"背"的教学方法之所以不好，就是忽视了"学"这个中心的实践活动，也就是忽视了让学生充分发挥其主观能动性。如此，即使你是很高明的教师吧，你包办代替，到头来也难免是劳而无功。因为再高明的教师，也不能硬把知识塞进学生的头脑，总得通过学生自己艰苦的劳动，不懈地努力，经过一个人"无知"到"有知"，由"知之不多"到"知之甚多"的转化过程，才获得的。

启发式教学的宗旨，是使学生养成自己学习，自由研究，用自己的头脑来想，用自己的眼睛来看，用自己的手来做的这种精神，从而达到"自得"。"带"的方法不正是"使他"自得""的方法吗？"带"的过程，是让学生充分

地开动脑筋，去艰苦地探索新知识的过程，也是思维发展的过程。因此，在课堂教学中，要重视学生的"学"的实践活动，教师传授新知识往往采用讲解的方式而使学生有所"闻"。不过，"百闻不如一见"，所"见"往往比所"闻"印象深刻。可是，"百见不如一试"，要是让学生亲手试一试，做实验、制制模型、采采标本、绘绘图表等等，不仅有利于掌握知识，而且可以训练观察、想象、计算、操作、现象分析、数据处理、记录整理等多方面的能力。

可见，教师的课堂教学，要把功夫放在激发动机，启发思维，积极引导，设疑提问，因势利导，用"带"的教学方式，通过学生"学"的实践活动，达到培养思维和发展智力。

教学方法的最优化并不排斥教师的创造性，而是以教师的创造性为先决条件的。教师应凭借自己的长处，更有效地运用课堂教学的教学方法，向鲁迅先生说的那样，会使枪的使枪，会使棒的使棒，可不拘一格。总之，教法的选择，要因文而异，因学生而异，因教师而异，不能搞千篇一律，一刀切。如果离开了这一点，那整个教学活动就成了一潭死水，也就谈不上培养学生的能力和发展学生的智力了。

最后，还需指出的是，在教学中任何一种方法，实际上都不能认为是最佳的。因为在实际教学中，常常有几种教学方法同时交替使用，只不过以其中一、二个方法为主罢了。我们通常所说的教学艺术高低，正是表现在对这些方法综合运用时所具有的准确性和灵活性上。因此，我们在选择和运用教学方法时，要注意各种教法的相互渗透和相互补充。这样做，不仅有利于全面发展学生的认识能力，而且有利于调动学生学习的积极性，同时还可以使学生以各种记忆方式和思维方式去理解教材，提高学习质量。当然，多样化应当遵守一定的分寸，以免分散学生的注意力。这正如前苏联教育家巴班斯基所说的那样，"不要使教学变成活动种类变幻多端的万花筒"。

教是为了不教

课堂教学是教学的基本形式，而教学的本质是教与学的对立统一关系。

不少老师在备课过程中备教学的方法多，备学生的学习方法少。老师注意到自身要有良好的语言表达能力（如语言应简明扼要、准确、生动等），注意到实验操作应规范、熟练，注意到文字的表达（如板书编写有序，图示清晰、工整等），也注意对学生的组织管理，但对学生的学考虑不够。从根本意义上看，教师教的目的就是为了学生学。著名的教育家陶行知先生说："教的法子要根据学的法子"，因此对学生学习方法的探讨极为重要。科学的学习方法，能提高学习效率，能使学生的智慧得到充分发挥，能把知识转化为能力，而拙劣的学习方法（如死记硬背）学习效率低，学生的智慧得不到发挥。老师的备课要探讨学生如何学，要根据不同年级的学生指导如何进行预习、听课、记笔记、做实验、做复习、做作业等，要考虑到观察能力、想象能力、思维能力、推理能力及总结归纳能力的培养。一位老师教学水平的高低，不仅仅表现他对知识的传授，更主要表现在他对学生学习能力的培养。

很显然，在教学过程中，教与学是互为对象和前提的。现代教学严格区别于传统教学的最大特点是：教法与学法的统一。教师无论是对教法的选择和运用，还是对学法的指导与实践，无不贯穿着这种统一。两者要相辅相成，相得益彰。就像叶圣陶先生所说的："教是为了不需要教。"这里"教"是前提，"不教"是目的；要想达到"不需要教"，必须先教，教师教的过程既要传授知识又要教给方法，特别是方法的传授更为重要。教师要将自己的教学方法变成学生的学习方法，才能将二者统一起来。

教法和学法的统一，是现代教学方法区别于传统方法的最大特点，无论是学法的指导实践，还是教法的选择和运用，均需寓学法于教法之中。

教法和学法的统一，提示了教学过程的特殊运动规律，不仅反映了教法有其自身的特色，渗透着学法指导的因素；学生正确的学习方法的形成与教师的教学方法密不可分。

教法和学法的统一，表明了现代语文教学观念的更新，反映了教与学的

辩证关系，它将不断推动教学方法系统的完善与发展，促进学生素质的全面提高。

教学方法的发展，首先应注意继承。继承是事物发展阶段性和连续性的联结细节，它客观存在于语文教学方法历史发展的全部进程中，没有继承，便没有发展和创造。教学方法的形成和发展，是随着教育的产生和发展逐步形成和完善的，是在此前的教育教学基础上逐步丰富的，因此教学方法的选用，尤需重视继承，在批判的继承中严格选择，不能丢弃传统的精华。

创新是教学方法中最重要的特征，闪烁着人类智慧的光芒。每一种教学方法从来都是在个体或群体的创造中发现出来的。人类智力的开发离不开创造，教学方法的创新又赋予了智力开发以新的形式。教学方法的选择和运用重在继承，贵在创新。我们在重视继承传统教学方法的同时，要善于学习中外先进的教育理论，并在继承的同时，注意创新。

处理好上述两种关系，并不等于适应素质教育所需要的教学方法就自然产生了，它还需要经过许许多多教育工作者的教学实践和理论探索。随着教学改革的深入，随着素质教育的普遍开展，一种集广大教师智慧之光的适应素质教育的教学方法体系一定会诞生。

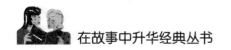

优化教学方法

教师要想提高教学质量，必须上好课，让学生生动、活泼、主动地进行学习。教师应从实际出发，创造性地综合采用教学方法。下面我们以语文课为例，谈谈怎样优化教学方法，激发学生的学习兴趣。

一、激发兴趣

心理学研究表明：兴趣是学习的动力。有了学习的兴趣，就能产生积极的学习情绪，学生的学习才是主动的，积极的，热烈的。反之，学习没有兴趣，学习将成为一种沉重的负担，课堂教学也就缺乏生气，变得机械沉闷。

例如，要使学生对语文这门学科产生兴趣，作为一名语文教师，首先要对自己的教学一往情深，教师的语言神态要充满浓厚的情趣。其次要按不同的教学内容，优化教学方法，精心安排，设置情境，把学生的兴趣迅速转移到学习上来，使学生产生高昂情绪和精神振奋的心理状态，情不自禁地进入到教学之中。下面这位语文老师的做法值得借鉴：

《桂林山水》这篇课文写的是南疆景色，山水相映，别具风格。因我有荡舟漓江，观赏桂林山水的真切感受，所以讲这篇课文时，格外感到亲切。桂林山水奇异动人的景色再现眼前，我为祖国有这样清秀、奇异、幽静、美丽的胜景而感到自豪。我由衷要赞叹它的激情早已抑制不住。于是，教学一开始，我利用录像再现了桂林山水的奇特风光，让学生仿佛置身于那如诗的连绵画卷之中。随着画面的移动，学生个个翘首凝视，不约而同地发出惊叹，赞美之情油然而生。学生们一下子被吸引住了，带着对"美"的向往进入了课文情景。接着，我又配乐给学生进行了欢快、激奋地范读。学生们个个跃跃欲试，都想为大家读一读课文，来表达自己对祖国山河的热爱。

讲这篇课文时，我重点按板书顺序练背，学习作者优美的言辞和严密的写作结构。

作比：大海、西湖（突出）

漓江水景特点：静、清、绿（强调）

感受：激起微波、船进岸移

作比：泰山、香山却（突出）

桂林山姿奇（气势）真（强调）

特点：秀（色彩）

险（形状）

山环绕水、水倒映山（奇）

赞美奇景雾、树、花、船、筏（美）

"舟行碧波上，人在画中游"（观）

学生读得朗朗上口，句句有情，借用了板书，只用了两课时，全班同学就都会背诵全文了。

学生告诉我：读了这篇课文，他们好像真的来到了桂林，荡舟在漓江，有身临其境之感。有机会，一定要亲眼看一看桂林那奇异迷人的风光。

我用录像、音乐、语言的渲染，营造了课堂的教学情景，激发了学生的学习兴趣，激活了学生的思维。

二、以情动情

同样我们还是选择以语文这门课程来作为示范，语文教材大多文质兼美，作者将他们丰富而深厚的感情流于笔端，凝聚在字里行间。因此，语文课堂教学必须要以"情感"为动力，才能达到预想的效果。例如：

《再见了，亲人》这篇课文，具体叙述了中国人民志愿军回国，向朝鲜人民话别时的情景，赞扬了中朝人民用鲜血凝成的深厚友谊。文章充满着浓厚的感情色彩，使人读了很亲切，很受感动，是一篇对学生进行爱国主义和国际主义教育的好教材。

在讲解这篇文章时，凭借文章内容，寻找情感激发的最佳点。以读悟情，以情动情。文章三段的开头、结尾，在写法上都有一个共同点：每段的总起句都是感叹句，每段最后又都以反问句作结。因此在示范读开头时，应说话一般，又亲切又让人感动，让学生细细品味文中的感情。以自己的真情，让学生体会到朝鲜人民热爱中国人民志愿军的真情。范读文章的结尾时，教师要满怀激情，进一步加强语气，强烈抒发中朝人民患难与共，生死共存的战斗友谊。学生被这动人离别的场面感动了，纷纷举手发言："我们虽然没有见到这场面，但我们可以想象出这场面一定和我国抗洪救灾时，解放军与当地灾民依依惜别，难舍难分的场面一样。"接下来结束后可指导学生反复诵读课文中感人至深的句子，激发学生热爱中国人民志愿军，热爱朝鲜人民的思想感情，塑造了学生美好的心灵，产生了与作者心灵上的共鸣，让这一感人的场景永远铭刻在学生们心中。

三、讲练结合

突出语言文字的训练是落实语文素质教育目标的关键。通过多种形式的语言训练，促进学生积极地动脑、动口、动手。每一堂课都保证有足够多的时间进行听、说、读、写的训练。

以《深山风雪路》一文为例，在教学中，我抓住重点段以分析人物语言、动作、心理活动，来体会人物的思想感情，概括文章中心思想。通过教师导读，学生试读，分角色朗读等多种形式，来品味文中之道，悟出邮递员老吕是一个对工作任劳任怨，不计较个人得失，具有无私奉献精神的人。学生通过反复朗读，不但加深了对课文的理解，而且情感得到了升华，达到了"文道"统一的教学目的。在进行了读、说的基础上，组织学生进行练笔。要求学生仿照课文的写法，写一段对话。学生练笔的效果不错，当堂学生之间进行了交流，老师进行了点评。学生深深感受到了语言文字的魅力。

四、合作学习

自古以来就有学者提倡合作学习。孔子曰："独学而无友，则孤陋而寡闻。"又曰："三人行必有我师。"教学是师生全方位交往的生命碰撞过程，既有师生间的互动，更有学生间的互动。这里的学生互动，既有行为互动，也有思维互动；既有知识交流，也有情感的交流与合作。教师要营造平等、民和谐的生生互动活动，要培养他们之间健康的互动情感：对学习成功者的赞许，对学习困难者的帮助，对学习暂时失败者的友善，使他们在互动中竞争，在互动中发展。生生互动提供了更多的主动参与机会，有利于学生主动性和创造性的发展。因此，在教学中鼓励学生参与到小组合作学习当中去，在小组合作学习中，每个学生都有平等的机会在各自的小组中讨论并解答问题。小组合作的生生互动使学生由传统班级教学中单纯的旁观者，转变为活动的积极参与者，同时培养学生能倾听别人的意见，能对别人的意见作出评价，并且能通过集思广益形成自己的观点的能力。小组合作学习也为学生提供了练习口头表达能力的机会，学会用清晰的语言阐述自己的观点。

在教学《忆铁人》一课时，为了让学生真实感受到铁人关心群众生活，知错就改，严以律己的高尚品质，教师应让他们充分发挥小组合作的精神。在合作之前，教师应先提出以下要求：①用不同的符号分别划出写铁人语言、行动和神态的语句。②联系上下文体会铁人当时心里是怎么想的？③从这句话中，可以看出铁人是怎样的人？学生围绕这几个问题，以四人小组的形式展开了合作学习。大家在组内充分讨论，各抒己见，形成了小组意见。在汇报学习情况时，每个人都参与汇报，其他小组认真倾听别的小组的发言，同时发表自己小组不同的见解。这样的自主学习，这样的小组合作，使学生的积极性及灵感得到充分的发挥，迸射出创造性的火花。

五、鼓励学生大胆质疑

"疑"是创新学习课堂的主轴承。新课标明确指出：对课文的内容，能提出自己的看法和疑问。但质疑不能只停留在形式上，要引导学生确实有疑而质，使质疑真正成为学生自主学习的重要途径。

如在教学《草船借箭》一课时，教师可鼓励学生就课文内容大胆质疑。学生们都知道诸葛亮机智过人，但他明知周瑜在陷害他，却还是答应3天交箭。大家都疑问重重。有个学生说："诸葛亮明知周瑜的险恶用心，为什么不揭穿，不婉言拒绝，反而愿意立军令状，在3天内完成任务呢？"由此，班级里就此问题进行了集体讨论。在讨论过程中，教师向学生分析了当时的背景以及诸葛亮的聪明才智。最后，大家终于在讨论中深入了解了课文内容：①诸葛亮是为了联吴抗曹来到东吴的，为了顾全大局，他愿意这样做；②诸葛亮知天文、地理，已知道三天后有浓雾，利用这一机会向曹操"借箭"，已胸有成竹。

教师优化了教学方法，课上争取了时间，课下减轻了学生的课业负担，提高了教学质量。就会受到了学生和家长的好评。

教师在优化教学方法方面还要很好地把握面向全体和因材施教的关系，特别要保护学习上的弱势群体，要让每一层次的学生在他们原有的基础上都得到发展，让更多的学生体验到成功的快乐，因而教师在教学中可以采用不同的教学方法，从而唤起他们的自信心。总之，在漫漫的课改之路上，我们要不断优化教学方法，提高教学质量，培养出高素质的人才。

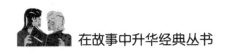
教学媒体的组合运用

如何合理使用教学媒体，有效提高课堂效率，是摆在教师面前的一大课题。教师要想优化教学、提高教学效率，应该恰当地选择教学媒体，使多种教学媒体互为补充，扬长避短，实现组合运用的最优化。除此之外，还应该确定多媒体最佳展示时机。只有这样，才能给人以生动、形象、直观和新颖的感觉，保证学习的顺利进行。

"媒体"：媒体一词来源于拉丁语"Medium"，音译为媒介，意为两者之间。它是指从信息源到受信者之间承载并传递、加工信息的载体或工具。媒体有两层含义，一是指承载信息所使用的符号系统，如文字、符号、语言、声音、图形、图像、软件程序等，媒体呈现时采用的符号系统将决定媒体的信息表达功能。二是指存贮和加工、传递信息的实体，如书本、挂图、投影片、录像带、微缩胶片、计算机磁盘等以及相关的采集、播放、处理设备。

教学媒体：以传递教学信息为最终目的的媒体被称为教学媒体。教学媒体用于教学信息从信息源到学习者之间的传递，具有明确的教学目的、教学内容和教学对象。

教学媒体包括语言媒体、文字媒体、印刷媒体和电子媒体。

1. 语言媒体

语言媒体作为一种最古老的传播媒体，具有简单、快捷、通俗、反馈等优越特性。即使在具备多种多样的现代化媒体的今天仍具有其他媒体所不能取代的优点。语言媒体具有以下教学功能：

（1）符号的功能；

（2）促进思维、表达思想的功能；

（3）具有交流传播的功能。

但是语言媒体的缺点也很明显。比如，语言符号比较抽象，常常需要手势、表情、体态去辅助，而且转瞬即逝，难以保存；语言媒体的传播距离有限，只能在有限的距离内实现交流。因此，在教学活动中，语言媒体应与其他教学媒体相互配合使用才能获得良好的教学效果。

2. 文字媒体

从语言的产生到文字的出现，其间经历了几万年。据考究，人类最初采用文字的时间大约在公元前4000年，由古老的图画经验中演变而来，如古埃及的图画文字、苏美尔人和巴比伦人的楔形文字和中国的象形文字等。随着人类社会的进步，我们使用的文字也在不断的发展和完善。目前世界上大约有500种文字，主要的文字体系有西方世界的拼音文字体系和以中国为代表的东方国家的表意文字体系。最早的文字主要刻写在龟甲、兽骨、竹简、锦帛之类的物品上，从发明了造纸术并生产出第一批良纸开始，纸便成了人们书写和记录文字最方便的工具。

文字媒体的出现，引起了教育方式的第二次重大变革，使教育将文字书写与口头语言作为同等重要的教育工具，人类除了口耳相传又可以利用书写文字来传达信息，引起了教育史上的又一次重大革命。

3. 印刷媒体

在印刷术发明以前，文字的传播主要靠各种形式的"手抄本"。公元1041年—1048年间，我国宋代的毕升发明了活字印刷术，大大地节省了雕版的费用，缩短了出书时间，提高了效率，使得信息可以大量复制、存储并广泛流传。对人类社会保存文化、传播思想和发展教育起了重大作用。

印刷媒体引进教育领域，教科书成为学校教育的重要媒体。学生的知识信息来源不仅来自教师，也来自教科书。学生不仅向教师学习，也向书本学习。教师利用统一的教科书，可以面对一班学生开展有效的教学活动，导致17世纪产生了学校教育的班级授课制。引起了教学方式、教学规模的又一次重大变革，产生了教育史上的第三次革命。文字印刷媒体是教学活动中传送教育信息的重要媒体。其应用于教学的主要优点有：

（1）易于携带，使用方便；

（2）制作成本低，易于分类保存修改和分发；

（3）教科书、学术著作的出版，通常经过严格的审定，一般具有较高的水平，值得信赖；

（4）具有稳定性和持久性；

（5）学生可以按照自定步调组织学习。

但由于它是采用文字符号去描述事物和现象，过于抽象，对于缺乏生活经验的中小学生来说难以理解接受。因此，在教学活动中，教师运用各种直观教具进行讲授，也是教学活动中不可缺少的环节。

4. 电子传播媒体

19世纪末以来至今天，是科学技术迅速发展的年代。以电子技术新成果为主发展起来的新传播媒体即电子传播媒体大大提高了人类信息的传播能力和传播效率。并由此引发了教育领域中教育方式与规模上的一个根本性的变革，从而产生了教育史上的第四次革命。

电子传播媒体阶段也被称之为多媒体阶段。现代教育媒体虽然具有强大的优势，但它却不能代替传统的教学媒体，更不能代替教师的言传身教。教师的语言、教师的音容笑貌，仍是教学活动中的重要组成部分，文字与印刷媒体始终仍是教学活动中的重要媒体。

各种媒体各有其自身的特点与功能，又有其局限性，媒体更代替不了教师。在教学活动中应把多种媒体优化组合，取长补短，才能充分发挥各种媒体应有的教学功能，以真正实现教学过程的最优化。

很显然，不同的教学媒体可以起到不同的指导作用。在实际教学中，往往需要从多个角度来考虑媒体的选择，所以，教师要根据教学的整体要求选择最佳媒体，而不能根据某一项指标来作出决定。每一种教学媒体都具有其自身的特性，应根据教学的需要来选择媒体，而不能简单地断定哪一种媒体比另一种媒体强。

而且，媒体组合是一个系统工程，要保证良好的硬件、软件、潜件的互补性，就要求媒体的组合符合正确的规律，要有基本的组合的原则：

（1）媒体组合系统化。系统论告诉我们，系统内部各要素绝不是数量上的复合与叠加，而是要由最优化的各要素形成彼此之间的最优化关系。因此，在教学媒体的组合运用中，当确定一个主体性媒体以后，便要选择辅助性媒体，以构成优化的媒体教学系统。

（2）媒体组合的简化。在媒体组合的系统观确立之后，媒体系统越简化越好，当然，这种简化是建立在最优化的基础之上的。这是因为在同一媒体系统中，选择的媒体数量越多，在设计编制方面就越复杂。所以一般来说，简化利于优化。

（3）媒体组合的统一观。媒体的组合要从教学总目标出发，各个媒体要

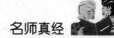

根据不同的分工完成各自的任务，决不能强调自成系统，这样才能使各媒体之间组成既相互联系又相互补充的多层次的信息结构。

教学媒体组合有法，但无定法。无论怎样组合，都是为了实现教学目标、优化教学、提高教学效率的。

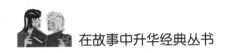

使用教学媒体，优化教学效果

　　"学媒无关论"是科拉克提出来的。1983年美国洛杉矶南加州大学教育心理与技术系教授、系主任科拉克在《教育研究评述》刊物上发表了一篇名为"从媒体中学习的再思考"的综述性论文。在这篇文章中他提出以后颇为人们争议的论断"媒体仅仅是传播教学的工具，它对学习结果的影响比汽车一年送食品引起营养变化的影响还要小。"他解释说，当然教学传播工具的选择会影响到传播的费用以及程度，但只有所传播的内容才会真正影响学习的结果。

　　考兹玛是美国加利福尼亚国际SRI学习技术中心的主任。他在1994年第二期的《教育技术研究与发展》刊物上发表了一篇题为《媒体会影响学习吗？——对讨论的再定位》的文章。在这篇文章中，考兹玛结合瓦特（White）的研究成果向科拉克的"学媒无关论"发起了挑战，由此引起一场更大的学习于媒体的关系的再讨论。考兹玛指出，"如果媒体与学习之间目前还没有什么关系的话，那是因为我们还没有去做这个工作。"这就是考兹玛针对"学媒无关论"提出的"学媒相关论"。在提出各自理论的同时，两位学者都做了大量的实验，分别验证了各自理论的正确性。

　　这使得我们看出，两个理论都有正确、可取的地方，在不同的情况下，都可以指导实践。下面，本书就两位学者的观点，提出自己折中的学媒观。

　　教学媒体的作用是：

　　（1）有利于教学的标准化；

　　（2）有利于形成兴趣化教学；

　　（3）有利于提高教学质量和教学效率；

　　（4）有利于实施个别化学习；

　　（5）促进教师和学生的作用发生变化；

　　（6）有利于开展特殊教育。

　　在具体的教学实践中无论是使用单一的媒体还是组合的媒体，都是为达到最优化的教学效果服务的。具体地说，教学媒体的使用目的主要有以下几点：

1. 突出教学重点

正确运用教学媒体，不但能突出教学重点，而且还有利于学生理解和掌握知识。如初中化学《碱金属》一章根据教学目标，这一章有二十多个知识点，其中需要理解、应用的知识点正是本章的重点，我们可以制作一张投影片列举出这些重点内容，着重讲解或小结复习。

2. 解决教学难点

使用教学媒体，可以有效地解决教学中的难点。例如，太阳、地球、月亮三颗星球的运行规律是我们教学中的一个难点，如果利用录像教学或计算机辅助教学就可以轻而易举地展示出三颗星球的相对位置和运行轨迹。

3. 提供教学资料

根据教学需要，可以提供背景资料，如图片、历史镜头等。如在讲授小学语文课《周总理，你在哪里》时，播放《十里长街送总理》的教学录像片，提供历史性事实材料。

4. 创设教学情境

利用现代教学媒体声形并茂的特点，可以给学生创设一个良好的教学情境。比如影视是动态的视觉与听觉的结合，这种耳闻目睹、多种感觉器官的综合作用为学生提供了身临其境的感性的替代经验，有助于在教学中弥补学生直接经验的不足。语言实验室也为学生创设了一个语言交际和学习的环境。

5. 提供教学示范

利用现代教学媒体的再现性，可以给学生提供优秀教师的教学录像、艺术类课中示范性的动作、语言教学中的标准读音以及规范性的实验操作等。

6. 启发学生思考

教学中应用媒体时要与各种启发方式相结合，启发有激疑启发、类比启发、联想启发等。

例如，生理卫生循环系统的教学可以先向学生展示心脏的结构及工作原理的投影片，然后提出问题让学生思考。"人体是如何得到氧气供应的?"观察投影片与提问相结合，激发学生认真思考，这种方法称为激疑启发。

又如生物课，每讲完一门动物，可将该门动物与上一门动物对应的器官、系统等制成幻灯片或投影片进行分析比较，引导学生找出它们的异同，通过类比，让学生自己发现生物不断进化的规律，这种启发方式称为类比启发。

再如，学生在观看菜豆种子发芽、成长的录像片的同时，让他们思考有那些植物的种子与菜豆类似，通过联想，最后归纳出双子叶植物种子发芽、发育的特点，这种启发称为联想启发。

恰当地选择教学媒体

一、选择教学媒体的依据

在选择教学媒体前，应对教学目标、内容、对象、策略等进行分析，选择时应注意不应只注重性能或价值，还要注意媒体的实用性与教学环境之间的适用性等问题。

1. 依据教学目标

教学目标是贯穿教学活动全过程的指导思想，它不仅规定教师进行教学活动的内容和方式，指导学生对知识内容的选择和吸收，而且还控制媒体类型和媒体内容的选择。以外语教学为例，让学生掌握语法规则和要求学生能就某个情境进行会话，是两种不同的教学目标。前者往往通过文字讲解并辅以各种实例来帮助学生形成语法概念；后者则往往通过反映实际情境的动画和语声使学生在具体的语言环境中去掌握正确的言语技能。不同的教学目标决定不同的媒体类型和媒体内容的选择。

2. 依据教学内容

学科内容不同，适用的教学媒体也不同；即使同一学科，各章节的内容不一样，对教学媒体的要求也不一样。以语文学科为例，散文和小说体裁的文章最好通过能提供活动影像的媒体来讲解，使学生有身临其境的感觉以加深对人物情节和主题思想的理解。对于数理学科中的某些定理和法则，由于概念比较抽象，最好通过动画过程把事物的运动变化规律展现出来（或把微观的、不易观察的过程加以放大）以加深学生对定理和规律的掌握。同是化学学科，在讲解化学反应时最好用动画一步步模拟反应的过程；而在讲解分子式、分子结构以及元素周期表等内容时则以图形或图表的配合为宜。总之，对教学媒体的选用和设计应依据教学内容来进行。

3. 依据教学对象

不同年龄阶段的学生其认知结构有很大差别，教学媒体的设计必须与教

173

学对象的年龄特征相适应，否则不会有理想的教学效果。按照皮亚杰的儿童认知发展理论，小学生（6~11、12 岁）正好处于认知发展的第三阶段即"具体运算阶段"，其认知结构属"直觉思维图式"；而初中学生（12~15 岁）则处于认知发展的第四阶段即"形式运算阶段"，其认知结构属"运算思维图式"，处于这一阶段的学生，思维能力有了较大发展，且抽象思维占优势地位。但是对初中学生来说，这种抽象思维仍属经验型，还需要感性经验的直接支持；而对高中学生（16~18 岁）来说，其抽象思维能力已得到进一步发展，逐渐由经验型过渡到理论型，即能在有关理论的指导下分析处理某些实际问题，并能通过对外部现象的观察归纳出关于客观世界的某些知识。

在进行教学媒体的设计时必须充分考虑上述不同年龄段的认知特点，绝不能用某种固定的模式。在小学低年级阶段各学科媒体设计的重点应放在如何实施形象化教学，以适应学生的直观、形象思维图式，因而应多采用图形、动画和音乐之类的媒体使图、文、声并茂；在小学高年级阶段则要把重点放在如何帮助学生完成由直观、形象思维向抽象思维的过渡，因而这一阶段的形象化教学可适当减少；在中学阶段则应着重引导学生学习抽象概念，学会运用语言符号去揭示事物的内在规律，逐步发展学生的逻辑思维能力。在初中阶段尽管形象化教学仍不可缺少，但是只能作为一种帮助理解抽象概念的辅助手段，而不能像小学那样以形象化教学为主。否则将会喧宾夺主，达不到教学目标的要求——从形式上看很生动、很美观，而内容却无助于学生认知能力的发展。

4. 依据教学条件

教学中能否选用某种媒体，还要看当时当地的具体条件，其中包括资源状况、经济能力、师生技能、使用环境、管理水平等因素。录像教学具有视听结合、文理皆适的优点，但符合特定课题需要的录像片是不是随手可得呢？语言实验室是一种极其有效的外语教学媒体，但并非每个学校都有能力置备，因陋就简采用录音机代替也是可以的。事业计算机辅助教学前景看好，但除了需要资金购买计算机，还得培训使用人员。若教室不具备遮光设备，连"价廉物美"的投影仪、幻灯机都用不上。有的单位管理混乱，结果使不少已经购置的现代化教学媒体也无法选用。

5. 根据教学媒体自身功能和特性

各种教学媒体都具有自身的特性，对应于某些教学活动特别有效。总之，教学媒体选择依据的基本思路是：使用系统方法，对教学目标、学习内容、学生的需要和水平、一定的教学条件、教学媒体的特性和功能、经济性与适用性等各方面进行整体协调，选择恰当的、最优化的教学媒体。

二、教学媒体选择的原则

教学媒体选择的一个基本原则，就是要根据教学媒体对促进教学目标和教学目的的完成所具有的潜在能力来进行选择的。这个潜在能力就是指教学媒体本身的特性和教学功能。其具体指导原则是：

1. 易获得性原则

所谓易获得性原则，是指学习者容易取得这种教学媒体。在众多的可用教学媒体中，首先我们要考虑的是学习者能接触到哪些教学媒体或者说我们可能为学生提供哪些教学媒体？

2. 方便学习者的原则

教学媒体的选择应尽可能地方便学生，这主要取决于教学媒体的控制特征。首先是教学媒体是否容易接近，是在学习者家庭用，还是在学习中心等集体学习场合用？是个人使用还是集体使用？是固定的，还是可移动便于携带的？其次，要考虑教学媒体操作的方便与否，即教学媒体需要何种环境、需要何种保障、需要何种特殊操作技能等。第三，要考虑教学媒体的时间控制特性，既是即时教学媒体还是永久教学媒体。

3. 合理利用教学媒体的原则

每一种媒体都具有一定的特性，因此他们的功能也不尽相同。每一种媒体都有自己的长处和短处，他们之间可以互补。当利用一种媒体的长处去实现一个与之相适应的教学目标时，效果自然会比其他媒体好；但是如果用这种媒体去实现另外一个教学目标，也许效果就会比其他媒体差一些。所以，没有一种媒体可以适应于所有教学目标，也就是说世界上没有"万能媒体"。因此，使用媒体时，要注意扬长避短，做到物尽其用，充分发挥他们各自的优势。

4. 考虑教学设计过程中其它要素的影响

选择教学媒体一定要满足教学目标、教学内容、教学对象以及教学策略的要求。教学媒体是教学策略中的一个因素，所以选择媒体时不但要服从制定教学策略的依据，而且还要注意到教学媒体与其它因素之间相互联系、相

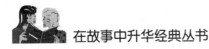
互制约的关系。

例如，如果已经决定采用集体授课方式，那么就应该选择能够向全班学生展示的媒体，如挂图、幻灯机、投影仪或大屏幕电视机等。借助不同的教学媒体，可以完成不同的教学目标。例如，在外语教学中，如果要纠正学生发音中的错误，就可以使用录音媒体；而要为学生提供一个相应的会话情境，最好使用录像媒体。

不同的学科内容或同一学科中不同章节的内容，对教学媒体有不同的要求。例如，如果能在已经联网的计算机教室里讲授计算机语言的课程，全班学生就能在自己的计算机屏幕上看到教师的计算机屏幕上所显示的内容，比起教师在黑板上费力地书写，效果要好得多。又如，在讲解一篇介绍风景名胜的课文时，如果配上相应的照片、电影或录像带等，就会使学生获得身临其境的感受，容易深刻理解课文的意义。

此外，对教学内容的重点或难点，教师往往希望借助教学媒体激发学生的学习兴趣，调动他们的积极性，帮助他们理解、记忆和掌握这些重点或难点，起到事半功倍的效果。学生特征也是影响媒体选择的一个因素。例如，中学生的抽象概括能力要比小学生强，感知的经验也比较丰富，持续集中注意力的时间相对延长，所以在为他们选择媒体时要注意，媒体传递的内容中所包含的分析、综合、抽象、概括和理性认识的分量可相应增加，重点应放在揭示事物的内在规律上。

5. 考虑媒体使用的环境与实际效果

教学媒体只有在具体的教学环境中使用才能发挥出它的作用，而其中的环境因素对于媒体的选择和使用往往有限制作用。这就是说，不论我们所选择的媒体多么符合原则，如果环境不允许也只得放弃。下面举的几个例子就反映了这种情况。

（1）在刚刚开始使用一种新的教学媒体时，如果教师和学生都不熟悉它的使用方法，就可能发挥不出它的功能。这时只有两种选择，要么在教学过程中安排学习使用媒体的时间，要么换成另一种媒体。

（2）对于比较昂贵的教学媒体的设备，如果学校的教育经费不足，就不能购买，当然也谈不上使用。

（3）有了媒体设备，没有合适可用的教学软件。

（4）有些媒体对使用环境有一些特殊要求，例如幻灯和电影要求放映地点的光线比较暗，这就需要遮挡光线。

（5）选择媒体时，还会受到学校管理媒体的水平的限制，因为只有当媒体处于良好的工作状态时，教师才能选择和使用。

可见，师生对媒体的熟悉程度、教育经费、教学软件的质量及数量、对环境的特殊要求以及管理水平等等，都会对媒体的选择和使用产生影响。能够使用教学媒体并不是教师的目的，教师所关心的应是媒体使用之后到底能得到什么样的教学效果。因为无论是购买、制作还是使用教学媒体都需要花费资金、时间和人员劳动，都要为使用媒体付出代价。因此当然希望以较低的代价来换取较高的效益，所以就必须注重媒体的实际效果，而不能盲目地求新求全，把媒体当成"现代化教学"的标志。

因此，如果有两种教学媒体所带来的效益完全相同，那么就应该选择成本较低的那一种；如果有一种媒体虽然比另一种媒体的教学效果好一些，却要付出相当大的代价，那么还是应该选择代价小的那一种。

教学媒体必须在一定的条件下，才能发挥出它应有的作用，而且这种作用也是有限度的，所以教师只能利用媒体，而不能过分依赖媒体，更不能用媒体来取代教师的作用。相反，媒体是由教师选择和使用的，其目的是为了帮助教师顺利地实现教学目标。因此，如果在使用媒体时，教师能够对媒体所传递的信息做一些解释，讲明哪些信息与教学目标有关，哪些无关，引导学生接受有用的信息，而不被一些无关信息干扰。

三、教学媒体选择的方法

按照教学媒体的选择原则选择教学媒体，更多的是依赖于人的主观判断。在选择教学媒体时，为了使作出的主观判断更为客观、准确，在大量的教学媒体应用实践中，逐步形成了一些教学媒体的选择方法。这里我们主要介绍问卷表型、流程图形、矩阵型这三种教学媒体选择的方法。

1. 问卷表型

问题表实际上是列出一系列要求媒体选择者回答的问题，通过对这些问题的逐一回答，来比较清楚地发现适用于一定教学情境的媒体。

下面的一组问题便是例子：

（1）所需媒体是用来提供感性材料还是提供练习条件？该媒体是用于辅助集体讲授还是用于个别化学习？

（2）媒体材料与学生的认知水平相一致吗？

（3）教学内容是否要作图解或图示的处理？

（4）视觉内容是用静止图像还是活动图像来呈现？

（5）活动图像要不要配音？是用电影还是录像来表达视听结合的活动图像？

（6）有没有现成的电影或录像以及放映条件？

当你对教学媒体选择因素有较深刻的理解后，便可以根据你周围的具体情况自己设计问题。问题根据实际情况可多可少，可按逻辑排序，也可不按逻辑顺序排列。通过对问卷表各项问题的回答，我们就可适当选择教学媒体。问题表列出的问题根据实际情况可多可少；可按逻辑排序，也可不按逻辑排序。这种模型出现较早，并为其他一些选择模型提供了基础。

2. 流程图类型

这种类型是建立在问卷表类型基础上，它将选择过程分解成一定的序列步骤，每一步骤都设一问题，在使用者选择回答"是"或"否"后，根据问题逻辑被引入不同的分支步骤，回答完最后一个问题就会至少有一种或一组媒体被确认为是最适用（于特定情景）的教学媒体。

流程图可以根据不同的需要设计成各种形式，下面提供国外一个研究者设计的集体授课的媒体选择流程图，以供教师选择教学媒体时参考。

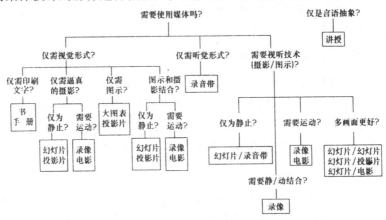

集体授课的媒体选择流程

3. 矩阵类型

这种类型一般是利用二维形式排列的。教学媒体的种类是一维，选择特性是另外一维。然后用一等级尺度如高、中、低，大、中、小或适合、部分适合和不适合等来表示二维之间的联系。矩阵选择表是两维排列的，将教学媒体的种类为一维，教学功能和其它考虑因素做另一维，进行列表，然后再用一种评价尺度反应两者之间的关系。评价尺度可分很有利、较有利、困难和不利 4 种层次。

在这里介绍的是加涅提出的常用媒体教学功能表：

矩阵式媒体选择表

功能 \ 种类	实物演示	口头传播	印刷媒体	静止图像	活动图像	有声电影	教学机器
呈现刺激	Y	Li	Li	Y	Y	Y	Y
引导注意和其他活动	N	Y	Y	N	N	Y	Y
提供所期望行为的规范	Li	Y	Y	Li	Li	Y	Y
提供外部刺激	Li	Y	Y	Li	Li	Y	Y
指导思维	N	Y	Y	N	N	Y	Y
产生迁移	Li	Y	Li	Li	Li	Li	Li
评定成绩	N	Y	Y	N	N	Y	Y
提供反馈	Li	Y	Y	N	Li	Y	Y

4. 算法型

算法型是指通过模糊的数值计算决定媒体的取舍。基本思想是尽可能选择低价、高功能的教学媒体，计算公式为：媒体的选择 = 媒体的功能/需要付出的代价。

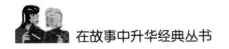

确定教学媒体的最佳展示时机

　　根据前面的内容，教师可以确定在课堂教学中使用哪一类媒体，但是在课堂教学过程中选择什么时机利用媒体来展示教学内容还是未知的。教学媒体的最佳展示时机，是根据教学内容及以往的教学经验，预测学生在学习过程中心理上可能发生的变化，针对这种心理变化，不失时机地发挥教学媒体的作用，帮助学生保持良好的心理状态，或帮助学生将不良的学习心理状态转化为良好的学习心理状态，保证学习有效地进行。主要有以下几个方面：

　　1. 有意注意与无意注意的相互转换

　　由心理学研究结果知道，虽然在学生学习过程中，主要是有意注意在起作用，但是，无意注意在一定条件下，可以在很轻松愉快的气氛中，在不增加学生负担的情况下，也会起到有意注意所不能起到作用。例如调动学生的学习积极性，加强学习效果等。所以，有经验的教师，在教学过程中，要抓住这一特点，灵活地运用转换原理，使学生紧张的大脑得到休息，又能达到较好的保持注意效果。

　　2. 抑制状态向兴奋状态的转化

　　由心理学研究结果知道，处于抑制状态的学生，是不可能很好地进行学习的。教师应想方设法，将这种抑制状态转化为兴奋状态。实现这种转变的常用方法是启发和解疑。

　　在讲授知识重点时，教师确定的思维启发点和学生被启发而出现的求知兴奋时刻的结合，往往是教学媒体的最佳展示时机。

　　例如，小学语文课《奇异和琥珀》，重点是琥珀的奇异。教师采用变序讲读法，先让学生了解琥珀的"奇异"在哪里，然后利用学生的好奇心理，启发其求知所以然。此时，出现启发点和求知兴奋时刻的结合，教师随之演示一框抽拉复合投影片，呈现"两只小虫都淹没在老松树的黄色泪珠里"的影像，接着是学生在这个直观感知的基础上所引出的联想。

　　在讲授知识难点时，教师确定的知识点和学生出现心理障碍的时刻的结合，往往也是教学媒体的最佳展示时机。

例如，在小学语文课《少年闰土》中，教师确定"西瓜的危险经历"同人物性格品质的关系作为知识解疑点。当课文中重提"瓜地与少年"时，学生新鲜感即逝，兴趣黯然，这就表明学生出现了心理障碍。此时学生所需要的解疑化难产生的兴奋时机也出现了，教师及时地演示一框有别于课文插图的投影片。新刺激将学生的心理抑制状态转化为兴奋状态，同时，教师结合投影片引导学生认识了在那"危险的经历"中却面无惧色的少年，从而把握了人物的勇敢机敏的特点。

3. 平静状态向活跃状态的转化

在教学过程中，有时会出现学生对教师的教法以及教学的内容既不能接受，也不厌烦的情况。但是，由于对教师的教法摸得很透，就会产生"他一定会用老一套方法来教"的想法。然后就是平静地在那里等待，这是一种不良心理状态。这时，教师应当采取学生意想不到的方法，打破这种平静状态，使学生的学习心理活跃起来。

4. 兴奋状态向理性状态的升华

学生兴奋起来并不是教学目的。学生处于兴奋状态，只是为学习的进一步发展创造了良好的心理条件。但是，如果教师不能适时加以引导，不能使学生的认识升华到新的境界，这种兴奋状态就不可能持久，教学目标就不可能更好地实现。这时，教师应当因势利导，采取有效方法，自然而然、水到渠成地将学生的兴奋状态引到理性的层次。

5. 克服畏难心理，增强自信心

从心理学的角度讲，在教学过程中，教师应从心理方面常给学生一种具有新意的刺激，让他们在对新鲜事物的尝试中，增强自信心。从教学方面讲，这种新鲜刺激能够高度集中学生的注意力，使他们处于一种积极向上的亢奋状态，愿意调动自己的全部力量去进行实践。这样做，不但能够克服学生学习时的畏难心理，而且可以调动他们的学习积极性，有利于培养和提高各种能力。

6. 满足能够胜任的表现欲望

任何人都希望别人把自己看作有能力、并能胜任某项工作的人，中小学生尤其甚之。如果教师能够把握学生的这种要求和愿望，及时地创造机会与条件，以满足学生的这种愿望与要求，那么，学生的学习积极性，将会由此而进一步提高，学习的效果和质量也会更高。

在媒体组合教学设计过程中，教师要根据教学目标、教学内容、学生特点等因素确定了教学媒体，然后研究了教学媒体使用的目的和教学媒体展示的最佳作用时机问题。如果说教学媒体使用的目的是从教学目标的角度出发研究如何发挥媒体组合教学的优势，那么教学媒体作用的时机则是从学生心理的角度研究如何发挥媒体组合教学的优势。因此，在媒体组合教学设计中，使用教学媒体的目的和教学媒体的展示时机是密不可分的。也可以说，解决好了教学媒体的使用目的和教学媒体展示时机相结合的问题，也就能够解决好课堂媒体组合教学的设计。

创设课堂教学情境的策略

　　学生的知识不是单纯通过教师的传授得到的，而是学生在一定的情境中，在教师的引导下自主获得的。而能否有效地进行课程资源的开发与利用，提高教师在教学设计能力、课堂驾驭和调控能力、合作能力、指导学生学习能力和创新的能力，将直接影响课堂教学情境创设的成败。所以，教师要以人为本，合理创设发展情境，增进学生的学习兴趣。

　　教学情境就是以直观的方式再现书本知识所表现的实际事物或者实际事物的相关背景，是学生认识过程中的形象与抽象、实际与理论、感性与理性以及旧知与新知的关系和矛盾。捷克教育家夸美纽斯曾说："一切知识都是从感官开始的。"又说，"在可能的范围内，一切事物应尽量地放在感官的跟前，一切看得见的东西应尽量地放在视官的跟前，一切听得见的东西应尽量地放到听官的跟前……假如有一个东西能够同时在几个感官上面留下印象，它便应当用几个感官去接触。"虽然这种论述未免有绝对化之嫌，但的确也反映了教学过程中学生认识规律的一个重要方面：直观可以使抽象的知识具体化、形象化，有助于学生感性认识的形成，并促进理性认识的发展。

　　例如在小学阶段，学生形象思维占优势，教师更应该注重创设情境。如：

　　有位教师在教面积单位时，为了让学生初步建立1平方米、1平方分米、1平方厘米的面积概念，便让学生说说生活中哪些物体表面的大小约为1平方米、1平方分米、1平方厘米。通过观察、比较、判断，学生基本上知道了一张饭桌面的大小约为1平方米，一个小学生的手掌面的大小约为1平方分米，一个小学生大拇指的指甲面大约为1平方厘米。

　　教师在教学中将面积单位与学生比较熟悉的物体相联系，使学生对这三种面积单位有了深刻的认识。

　　"境"是情境教学的一个维度，"情"则是另外一个维度。教师必须用情感激发学生的学习热情，正如有的学者所指出的，从血管里流出来的是血，从山泉里流出来的是水，从一位充满爱心的教师的教学里，喷涌出来的则是一股股极大的感染力。它可以使学生产生同样的或与之相似的情感。

一位小学语文教师在教"奶"字时，亲切地对学生说："看，左边是女字旁，右边像个驼背的人，这就是奶奶的'奶'字。奶奶年纪大了，走路时背弯弯的，还要拄个拐棍。"

这种充满亲情之爱的教学，把本来死板的、不会动弹的文字，变成了有生命的东西，钻进了孩子的脑海里。相反，"如果照着教学法的指示办事，做得冷冰冰的、干巴巴的，缺乏激昂的热情，那是未必会有什么效果的"（赞可夫语）。这是因为"未经人的积极情感强化和加温的知识，将使人变得冷漠"。在教学中，如果教师上课冷漠，那么学生听课也必然冷漠；教师无激情讲课，学生必然无激情听课；教师无真情讲课，学生必然无真情听课。没有激情，课堂教学就像一潭死水；没有真情，师生即使面对面，也犹如背对背。只有激情和真情才会在师生间产生一种互相感染的效应，从而不断激发学生学习的热情，唤起学生的求知欲，诱发学生进入教材学习的欲望。情感激发的目的在于为课堂教学提供一个良好的情绪背景，学生兴致勃勃、兴趣浓厚、兴高采烈。

情感性还指教学情境具有激发学生学习动力的功效。第斯多惠说得好："我们认为，教学的艺术不在于传授的本领，而在于激励、唤醒、鼓舞，而没有兴奋的情绪怎么能激励人，没有主动性怎么能唤醒沉睡的人，没有生气勃勃的精神怎么能鼓舞人呢？"赞科夫也强调指出："教学法一旦能触及学生的情绪和意志领域，触及学生的精神需要，这种教学法就能发挥高度有效的作用。"

一次，一位语文教师教《凡卡》一文时，讲到凡卡给爷爷投出求助信后，满怀希望进入了幸福的美梦之中，然而这位天真的孩子却不知爷爷是收不到这封信的，因为他连地址也没写上。即使收到了，这位穷苦的守夜人也不可能让凡卡跳出火坑。对于这位九岁的孩子来说，属于他的幸福只有在梦中！讲到这儿，这位教师再也控制不了自己了，眼泪涌了出来，甚至无法讲下去，全班学生竟然在寂静中伴坐了很久，连平时管不住自己的学生，也在这无意创设的情境中被无声的语言"管住了"。

教师入境入情，带来了学生的心动情发，起到了见作者之所见，思作者之所思，与作者的情感产生心灵共鸣的作用。下面我们来看一个案例，看案例中的教师在《冷水和热水》一课的开课阶段创设了怎样的教学情景：

师：同学们，在生活中你们见过喷泉吗？

生：见过。（大多数同学）

师：你们在哪里见过喷泉呢？

生1：我在公园里见过。

生2：中山公园里就有，而且是音乐喷泉，那些喷泉随着音乐起伏，可壮观了！

师：老师也看过，的确像你说的那样。不过，这节课呀，老师能在教室里给大家做一个人工喷泉，你们信不信？

生：（有的信，有的不信，但都期待着我的下一步行动）

师（神秘地拿出一个烧瓶，上面连接一个尖嘴玻璃管，连接处用橡皮塞密封。）：我就用它来制造喷泉。

生：（急切想知道的样子，有的甚至站起来看）

师：我只需要把它放进这个烧杯里，喷泉就会出来了！（师将装置慢慢放入事先准备的装有冷水的杯子中）

生：怎么没有喷泉呢？（大声质问）

师：（抱歉的样子）非常对不起，老师刚才拿错了烧杯，应该放进这一杯里才行。（拿出事先准备的装有热水的烧杯，并将装置放入。）这一次你们一定可以看到了。

生：哇！（生见到喷泉后异常兴奋）

师：（喷泉持续10多秒后）人工喷泉好看吧！可是，在刚才的那个烧杯里为什么不能形成喷泉呢？

生：（很快作出反应）因为前面一杯是冷水，我估计喷泉只能在热水里才能形成。

师：你真是一个善于观察和总结的同学。同学们，同样是水，一杯冷水，一杯热水，在冷水中不能形成喷泉，在热水中却可以，看来，冷水和热水真值得我们去研究研究。（板书冷水和热水）

当教师板书完"冷水和热水"后，就顺理成章地进入后续教学。

此案例中的教学情景的创设，该教师主要是立足儿童的观察生活，贴近生活的知识背景，用他们喜闻乐见的喷泉为载体，对三年级的学生来说，有较强的吸引力，学生兴趣高涨。在此过程中教师逐步在学生心中把人工喷泉的形成与冷水和热水建立联系。利用学生急于想看到的喷泉的心理，在其中设置一个小小的障碍，让学生脑海里留下深刻的印象。在满足学生的需要之后，又不失时机地用问题引发学生思考，寻找形成喷泉的原因，并为后续进一步探究冷水和热水的特点留下悬念。

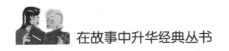

课堂情景要讲究随机应变

　　课堂教学是一个动态的过程，有时会有出现一些不可预知的因素，扰乱了准备好的课堂教学设计，影响到了正常的课堂教学活动，这时候就应该顺势而为，因势利导，随机应变。下面我们来看明正英（四川省自贡市沿滩小学）的一堂课：

　　美国攻打伊拉克的战火在 2003 年 3 月 20 日北京时间 10：36 分正式引燃，全世界沸腾了。那天下午，第一节课，我还没跨进教室就听到孩子们在高谈阔论。看到我来了，有同学就大声告诉我："老师，美国向伊拉克开战了。""知道了，你们正谈论这件事吗？"上课铃已经响了，他们还没有闭嘴的意思，我心里早就窝了一肚子气。还好，我克制住了，因为我知道了他们是被这场战争激活了思想。我大声宣布："今天这节课我们就来谈论伊拉克战争问题，好吗？"当然是满堂喝彩。

　　"关于美伊战争，你最关心的是什么？"我抛出了问题。

　　"我关心这场战争会不会引起第三次世界大战！"

　　"我关心美国到底要达到什么目的！"

　　"我关心战争上的伊拉克难民去向何！"

　　"我关心伊拉克油田会不会被全部炸毁！"

　　……

　　孩子们对伊拉克如此关心，远远超出了我的预料，因为他们毕竟还是小学六年级的孩子。

　　"孩子们，老师跟你们一样，十分关心伊拉克战事。我们谴责美国侵略者，同情伊拉克人民。伴随着美英联军空袭伊拉克首都巴格达的爆炸声，你们想到了什么？"

　　"我想到美英联军的残酷。伊拉克是一个富足的国家，巴格达是一座美丽的城市，却在英美联军的炮火中毁灭了容颜。"

　　"我想到伊拉克人民的痛苦。炮火使无数伊拉克人民失去了安乐的家园，流落异乡，甚至妻离子散，家破人亡。"

"我想到布什的可恶。美国是世界上的经济、军事强国，布什你应该利用自己国家的强大的优势支持弱小的国家，帮助那里的人民生活得更加美好。然而你却去侵略人家小国家，真可恶！"

"我想到的是落后就要挨打。伊拉克以石油出产量大而闻名于世，近几年来，由于各种原因而使国民经济严重滞后，随之带来的是军事、政治、文化等各方面的削弱，跟强大的美国比起来，简直是天壤之别。所以它要被美国打，就如当年落后的清政府被帝国主义要挟，侵略，割地赔款，人民被任意宰割一样。""老师，我还想到全世界一切反战的国家都应勇敢地站出来，制止美国的暴行，维护世界和平，还世界人民一片蔚蓝的天空。"

……

多么可爱的孩子，我为他们可爱而真实的思想感到惊讶，没想到这一群平日里嘻嘻哈哈甚至淘气得让人心酸的孩子心中装着这么多美好的东西。

"孩子们想得真丰富！那么，你认为我们应该从伊拉克战争中吸取什么教训呢？"趁热打铁，我继续启发。

"一个国家，一个民族，只有自强不息，努力壮大自己的力量，才不敢有人侵略他。"

"作为一个中国人，我们应该努力学习，建设祖国，让中国比美国更强大，我们就可以制服美国，不让他为所欲为了。"

"老师，我想给布什打电话，批评他恃强凌弱，算不得英雄好汉。"这是平日爽直的小刚。

我大吃一惊，"打电话？给布什？"

"对！我太气不过了。"小刚气冲冲地说。

"你懂英语吗？"小刚平时上英语课爱讲话，我决定抓住这个机会教育他。

小刚低下头，摇了摇。我发觉话头没对，连忙说："所以，学好英语重要吧？你以后就应该……"

"老师，以后我一定上课认真听讲，多动脑筋思考，扎好基础，争取将来到美国去，把他们的尖端科技学回来，武装我们中国。"嗬，这是那个平时学习不太用功但脑子挺机灵的孩子，没想到伊拉克战争触动了他要学习的神经。

"老师，以后，我再也不欺负人了。美国打伊拉克，以强欺弱，可恶！我个子高大，常欺负小同学，我也……"

我真没想到张扬，这个平时被同学们称为"打架专业户"且屡教不改的顽童，居然会在这时候如此良心发现。也许是这场战争的爆炸声击醒了他本就聪慧的头脑吧。

……

"叮铃铃……"下课了，可同学们还在争先恐后地发表自己的意见，都不愿意下课。这节语文课虽然没按计划进行，但我和孩子们的收获却很多很多……

教师在课堂教学中，对意想不到的情况要随机应变，合理引导，这也充分考验了教师的课堂驾驭能力。

注重情景创设的生活性

教师在进行教学情景创设时，还要注重情景创设的生活性。强调情境创设的生活性，其实质是要解决生活世界与科学世界的关系，新课程呼唤科学世界向生活世界的回归。

为此，创设教学情境，应该注重联系学生的现实生活，在学生鲜活的日常生活环境中发现、挖掘学习情境的资源。其中的问题应当是学生日常生活中经常会遭遇的一些问题，只有在生活化的学习情境中，学生才能切实弄明白知识的价值。第二要挖掘和利用学生的经验。陶行知先生有过一个精辟的比喻："接知如接枝。"他说："我们要有自己的经验做根，以这经验所发生的知识做枝，然后别人的知识方才可以接得上去，别人的知识方才成为我们知识的一个有机部分。"任何有效的教学都始于对学生已有经验的充分挖掘和利用。学生的经验包括认知经验和生活经验。美国著名的教育心理学家奥苏伯尔有一段经典的论述："假如让我把全部教育心理学仅仅归纳为一条原理的话，那么，我将一言以蔽之：影响学习的唯一最重要的因素就是学生已经知道了什么，要探明这一点，并应据此进行教学。"可以说这段话语道出了"学生原有的知识和经验是教学活动的起点"这样一个教学理念。

当前课程改革中特别强调要从学生已有的生活经验出发。

知识源于生活而高于生活。生活有多么广阔，学习的天地就多么广阔。当前教学改革的重要策略之一，就是把教学与学生原有的生活经验密切联系起来，使他们感到"知识就在身边"、"生活中到处有知识"。

教学中要创设与学生生活环境、知识背景密切相关的，又是学生感兴趣的学习情境。这样在教师恰当的引导下，学生就会乐于参与观察、操作、猜想、推理、交流等活动。

请看下面的案例：

我在教学《圆柱的认识》时，课始我出示的不是形如长方体、正方体、圆柱体的教具，而是出示的是形如长方体、正方体、圆柱体的生活实物，如酒盒子、麻糖盒、化妆品盒、魔方、茶叶盒等。让学生说出它们的名称，并说说长方体、正方体的特征。(结合实物观察演示说明) 学生的注意力立刻被生活中这些熟知的事物所吸引,用已有的数学知识去看待生活中的数学问题,学生倍感数学的情趣,一个个不但会说,而且乐于上台演示述说,以展现自我,课堂气氛活跃。

这样创设导入情境,有这样几个好处:其一让学生能初步意识到数学知识与实际生活紧密相连,学会在生活中提炼数学做数学,在数学活动中学会用数学眼光去看待生活;其二让学生将认识长方体、正方体的特征的方法(从"点"、"线"、"面"三方面入手)迁移到对圆柱特征的认识活动中来。当教师出示圆柱实物时,学生在能识其物时思维便会延伸到去探究认识圆柱的特征,因有了前面的铺垫迁移,学生就能主动地开展观察、操作,交流等有效的自主探究学习活动。在活动的过程中,学生无疑是学习的主人,他们的好学情感是积极的、主动的。

围绕问题展开教学

　　教学情境有多种类型、形式，其中特别要强调的是问题情境和问题意识。问题是科学研究的出发点，是开启任何一门科学的钥匙。没有问题就不会有解释问题和解决问题的思想、方法和知识，所以说，问题是思想方法、知识积累和发展的逻辑力量，是生长新思想、新方法、新知识的种子。学生学习必须同样重视问题的作用。现代教学论研究指出，从本质上讲，感知不是学习产生的根本原因（尽管学生学习是需要感知的），产生学习的根本原因是问题。没有问题也就难以诱发和激起求知欲，没有问题，感觉不到问题的存在，学生也就不会去深入思考，那么学习也就只能是表层和形式的。

　　所以现代学习方式特别强调问题在学习活动中的重要性。一方面强调通过问题来进行学习，把问题看作是学习的动力、起点和贯穿学习过程中的主线；另一方面通过学习来生成问题，把学习过程看成是发现问题、提出问题、分析问题和解决问题的过程。

　　这里需要特别强调的是问题意识的形成和培养。问题意识是指问题成为学生感知和思维的对象，从而在学生心里造成一种悬而未决但又必须解决的求知状态。问题意识会激发学生强烈的学习愿望，从而注意力高度集中，积极主动地投入学习；问题意识还可以激发学生勇于探索、创造和追求真理的科学精神。没有强烈的问题意识，就不可能激发学生认识的冲动性和思维的活跃性，更不可能激发学生的求异思维和创造思维。总之，问题意识是学生进行学习的重要心理因素。

　　有价值的教学情境一定是内含问题的情境，它能有效地引发学生的思考。问题是根据一定的教学目标而提出来的，目标是设问的方向、依据，也是问题的价值所在。

　　我们来看《嗟来之食》的教学片段：

　　在课堂上，全班学生几乎每个人都提出了一个自己的问题，如有的学生提出："为什么会发生饥荒？""为什么饿汉那么穷，财主却那么有钱有物？""饿汉为什么说他情愿饿死，也不吃财主给他的食物？"等等。在这些问题中，大部分同学都选择了第三题进行讨论。

在讨论中，学生探讨了多种可能性。有一个学生回答"因为他很有骨气，很有尊严"。教师非常敏锐地抓住这个机会，利用学生的话进行引导："对！他很有骨气，很有尊严。可是他已经快要饿死了，你赞成他这样做吗？"新的问题立即又使学生的认识产生了分化。有的学生明确赞成，有的学生强烈反对。在他们分别阐述了自己的理由之后，教师又引导学生提升出了一个与此关联、又蕴含哲学意味的问题，即"生命和尊严到底哪一个更重要？"

在激烈的辩论中，有的学生认为生命比尊严更重要，"因为没有生命就什么也没有了"；有的学生觉得，尊严比生命更重要，"因为没有尊严会被人看不起"；还有的学生语出惊人，说生命和尊严同样重要，"因为没有生命就没有尊严，而没有尊严生命就没有意义。生命和尊严的关系就像一个人的手心和手背一样"。

好奇心是兴趣的先导，是学生积极探求新奇事物的动力之一，对于形成动机有着重要的作用。富有创新精神的人往往有着强烈的好奇心。爱因斯坦就曾说，他没有特别的天赋，只有强烈的好奇心。在创设问题情境时，注意在情境中提出问题引发学生的好奇心。例如：

新学期第一堂语文课，我是这样上的：同学们，新的学期开始了，你们知道从这本崭新的课本里，我们将学习哪些新课文？那就请跟随老师一起去这个知识的王国漫游一番吧！首先让我们回到二万五千里长征路上，看看《一碗炒面》是怎样帮助"我"渡过难关，赶上队伍，来到大渡河与红四团一起《飞夺泸定桥》，再随《狼牙山五壮士》一起掩护群众转移，同日寇血战到底。赶跑日寇，我又奔赴朝鲜，参加抗美援朝……

今天的人们正以百倍的热情建设我们的祖国，《深山风雪路上》的邮递员老吕为人民送信二十五年，任劳任怨。《在炮兵阵地上》的彭德怀司令，实事求是，认真检查战备情况。敬爱的周总理为了人民不辞辛苦，在中南海忘我地进行了《一夜的工作》。还有许多像《白杨》一样扎根边疆，建设边疆的边疆建设者，他们都像《挑山工》一样，一心向着目标，步步扎实，坚持不懈地往前走，在工作中像罗丹一样《精益求精》……

阳春三月，正是踏春的大好时节，让我们去观赏景色秀丽的《桂林山水》，观看夕阳西下时，变幻莫测的《火烧云》，走向大自然，去探索《太阳》的奥秘，来到北京自然博物馆古生物大厅，观看《黄河象》的骨骼化石，假想黄河象的来历。这学期，我们还将结识许多古今中外的名人。如：三国时期《草船借箭》中的诸葛亮、周瑜，72变的《齐天大圣》，在《跳水》中沉着镇静的船长，《义犬复仇》中具有正义感的文尔内。绝不做《人有亡铁者》中的丢斧人，疑神疑鬼，冤枉好人。

新学期里《我的心事》很多，我要学会的知识很多，要学会默读课文，学会概括中心思想，学会复述课文，还要写好作文。知识的大门向我们打开，让我们珍惜每分每秒，发奋学习吧！

在这个案例中，新学期的第一堂课教师没有向学生提出要求，让学生谈打算，而是来了个"学习指南"，把将要学习的课文，配合相应的图片、投影、课文录音片断，并用生动的语言当了一回主持人，让学生根据教师的解说，从黑板上已写好的课题中寻找，让他们提出自己感兴趣的问题，这样创设的情境，既满足学生的好奇心，又使他们对教材产生强烈的学习欲望，使学生一上课就被深深地吸引住，取得了先声夺人的效果。为新学期的学习创设了一个良好的开端。

如果说探求"是什么"体现了学生的好奇心，那么，寻求"为什么"则更多地体现了学生的求知欲。求知欲一般由好奇心发展而来，是学生探究、了解自己未知的东西而产生的愿望和意向。在教学中，注意在情境中适时揭示矛盾，诱发学生的求知欲。

如教学毛泽东同志的《长征》诗中"金沙水拍云崖暖"一句时，我先用简笔画勾勒出"水拍云崖"的画面，让学生体会到这是一幅险景，继而提出，既然看到的是一幅险景，那么红军战士心中怎会涌出"暖"意来呢？使学生产生进一步寻找答案的欲望。在教学诗中"更喜岷山千里雪"一句时，我让学生联系过去学过的讲述红军过雪山故事的课文及相关的画面，提出过雪山是红军长征途中最为艰难的历程之一，那么为什么红军战士看到岷山的千里雪景会"更喜"呢？让学生讨论体会到红军历尽千辛万苦终于看到胜利在望时不可抑制的喜悦之情。

在教学中教师根据教材的难点，提出疑点，揭示矛盾，可以有效地诱发学生的求知欲，进而形成内在动机。

有效的问题情景是教学的起点，也是学生思维的起点。此外，在创造问题时，问题的难易程度要适合全班同学的实际水平，以保证使大多数学生在课堂上都处于思维状态。总之，情境中的问题要具备目的性、新颖性和适应性。

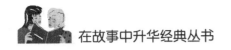
制造悬念，创设质疑情境

制造悬念，创设质疑情境是指在教学中，教师根据教学内容，使学生产生强烈的求知欲望，激发浓厚的学习兴趣采取的一种手段。我们来看这样一个教学片段：

师：同学们，为什么猴王和其他小猴子听完贪吃而又自作聪明的肥肥的话后，都笑了呢？猴王是运用什么知识来帮助教育这个既贪吃又自作聪明的小猴子的呢？同学们想知道吗？

悬念是牵制学生思维的线，比如说，小学生好动又好胜，教师就应抓住孩子的心理特点设置悬念。开头的故事情境已经将孩子们的注意力吸引到了课堂中，此时紧接着设置一个悬念，更进一步的激发了孩子的求知欲，促使孩子们投入到学习中，教师可以趁热打铁，诱之深入。

例如，有位教师在进行"能被3整除的数的特征"的教学时，一上课，教师就用挑战性的语气说："同学们，一个数能不能被3整除，老师一看就知道，不信，我们可以试试看。"接着让学生随意说出一些自然数，而教师对答如流，学生就迫不及待地想知道"诀窍"，想赶快解开心中的"谜"。于是，求知若渴的情绪被激起来，产生的强烈的求知欲，学生就会带着浓厚的兴趣去学好这部分知识，成了主动探索者，自身产生的内动力就自然而然地驱使学生主动地攻克难关，学好数学。

建构主义学说认为，有意义的学习并非是简单的被动接受过程，而是学生主动建构的过程。教师为学生创设适宜的情境，有利于培养学生主动参与知识的再创造能力。例如：

在复习《分数乘除法应用题》时，我首先对我所担任的班级的图书角的书作了一些调查，发现图书角有作文书36本，故事书48本，科幻书有12本。我用文字片张贴了这组信息，让学生开展想象，看到这组信息，你会想到什么？这时学生思维活跃，纷纷举手回答：

（1）作文书是故事书的3：4

（2）故事书与作文书的比是4：3

（3）故事书与图书总数的比是 1：2

（4）作文书是科幻书的 3 倍

（5）科幻书与故事书的比是 1：4

……

学生经过思考能想到许多，教师将学生想到的全部用文字片显示出来，在学生众说纷纭，思维处于最活跃处，提出要求，让学生任选 2～3 个条件，然后添加一个问题，编一道分数应用题，用自己喜欢的方法将之解答出来。比比看谁编得多。这样的复习既联系了生活实际创设了问题情境，为学生建构了学习的空间，又照顾了学生的个体差异，使每个学生在不同层次上得到不同的发展，同时还培养了学生的问题意识和处理信息的能力。

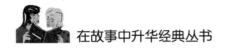

情境创设要有助于学生自主探究、合作交流

在课堂教学中教师让学生进行良好交流，营造合作情境。因为当个人的创新置身于创新群体中时，群体的环境就不可避免地影响到个人的创新活动和创新能力的发展。有位教师是这样做的：

我在教学过程中，十分重视使学生之间在情境中产生互动，形成相互交流、相互合作、相互补充、相互帮助的良好气氛。如教学寓言《守株待兔》一课，在揭示寓意时，我指着板上用简笔画勾勒的画面问："看着这种田人田里满了野草还在那儿守株待兔，我们应该怎么办"学回答应该规劝、教育他。我借机问："如果你是一位老农，当你看到这位年轻的种田人在那地守着树桩等子时，你想对他说些什么呢"接着请一个同学上来当年轻的种田人，让愿意教育这位"年轻人"的"老农"自己上来教育他。这样一来，就形成了众老农纷纷相劝，共同教育"年轻的种田人"的情景，其间，我又让坐在下面的同学参与劝说，这就形成了生生互动、相互合作的可喜局面。

片段：

要求学生根据条件，列出算式，并计算出小猴子平均每天能吃几块饼。

$8 \div 2 = 4$（块）

$16 \div 4 = 4$（块）

$32 \div 8 = 4$（块）

$64 \div 16 = 4$（块）

通过计算，学生发现猴王四次分饼，看起来分得的饼是越来越多，其实平均每天能吃到的饼，块数都是一样的。

学生发现这四组题的商都是4。然后，引导学生有次序地观察，并交流各自的发现。

如果以第一组为标准，用第2、3、4组和它比较，同桌两人讨论被除数、除数分别起了什么变化。然后在分组讨论基础上，请若干名学生汇报讨论情况。

这个环节"以学生为主体"的意识已经被"唤醒"。可以发现在课堂上透露着很多新课程的精神，例如放手让学生合作学习，通过自身体验，探究新知等。让学生在小组中交流、合作探索的情境中体验，所体验到不仅仅是对知识的感知和更新的认识，更是同学之间情感的交流，思维火花的碰撞。

在教学中，教材是传达学习信息的一个载体和范本，教师应根据学生的认识和已有生活经验，灵活地使用教材。在组织教学活动时，要从学生的经验和已有知识出发，创设有助于学生自主探究、合作交流的情境，使学生通过观察、操作、归纳、类比、猜测、交流等活动，获得积极的情感体验，掌握基本的数学知识与技能，从而进一步发展其思维能力，激发学生学习兴趣，增强学生学习的信心。我们来看看下面的这个案例：

在教学《年月日》时，我首先让学生回家调查爸爸妈妈及自己的生日。上课时借助询问生日加深已有年月日的时间概念，既而又问学生你已经知道哪些有关时间的知识。这时学生都充满着因已有知识所带的喜悦，竞相举手说："一年有12个月。""一年有365天""一年有大月和小月，大月有31天，小月有30天"……这时我忙表扬他们："你们真了不起，知道得这么多。你们知道的知识虽然多，但很零碎不够完整，这节课我们就来将这些知识系统地整理整理。同学们有不明白的问题也可以提出来我们共同学习。"立刻便有学生说："为什么有时候一年有365天，有时一年有366天呢？""为什么二月只有29天呢？""哪些月份是大月，哪些月份是小月呢？"面对学生提出的问题，我在赞赏的同时及时分发年历卡（不同年份的），组织学生小组合作、自主探究这些问题。这样的设计从学生生活经验出发进行导入，学生思维不但被已有知识所激活，而且能借助已有知识所带来的自信提出的问题。教师适时构建学习的平台——分发不同年份年历卡，开展小组合作观察、探究活动。

在活动的过程中，让学生去交流知识，解决问题，获取知识，归纳整理知识，让学生切实地参与了知识的形成过程，这也充分体现了教师是学习过程的组织者、引导者、合作者，学生是学习的主体，这一新的教学理念。

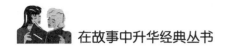

创设故事情景，调动学习积极性

首先我们来看一个案例：

师：同学们，今天老师给大家讲一个小故事，好不好？

猴山上，猴王带着一群小猴子生活，其中有一只名叫肥肥的小猴子，它既贪吃又自作聪明，猴王就利用分饼子的机会教育帮助了它。猴王分别给每只猴子8块饼，要它们平均分2天吃完，许多小猴子拍起手来表示满意，唯独肥肥大叫着说："8块饼太少了，不够吃。"猴王说："那好，我给你16块饼，平均分4天吃完。"话音刚落，肥肥又叫又跳："不够，不够。"猴王又说："那我给你32块饼，平均分8天吃完。"肥肥还没等猴王说完又嚷到："太少，太少，还不够吃。"猴王最后说："那我给你64块饼，平均分16天吃完，怎么样？"肥肥得意地说："够了，够了。"猴王和其它小猴子都笑了起来，而肥肥却莫名其妙。

师：同学们，为什么猴王和其它小猴子听完贪吃而又自作聪明的肥肥的话后，都笑了呢？猴王是运用什么知识来帮助教育这个既贪吃又自作聪明的小猴子的呢？同学们想知道吗？

生：想。

师：学了今天这节课的知识，你就知道了。今天我们就来学习"商不变的性质"。（板书课题：商不变的性质）

这是一堂数学课，在数学教学中，把抽象的概念形象化，是数学老师常用的教学手法，但是一些固定呆板的形象并不能一直引起学生的学习兴趣，长久下来反而会淡化学生的求知欲。

美国心理学家布鲁纳说过："最好的学习动因是学生对所学的材料有内在的兴趣。"学习兴趣是学习活动的强化剂，它在学生的学习活动中，起着巨大的推动和内驱作用。因而在课堂中我们可以选择学生喜欢的神话传说、童话故事等创设情境进行教学。又如：

　　我在教学利用商不变的规律解答有余数的除法时，创设了这样的故事情景：有一天，狐狸大婶碰到了一群争闹不休的母鸡，问明原因才知母鸡们一共下了210个鸡蛋。她们各自想拿回属于自己的一部分，可忘了自己下了多少个蛋，只好进平均分，但平均每人分多少个鸡蛋呢？狐狸大婶数了数，一共有40只鸡，眼珠一转，狡黠地一笑："平均每人分得5个鸡蛋，剩余1个嘛，就作为我的辛苦费吧！"同学们，猜猜看，狐狸大婶分得对吗？

　　一石激起千层浪，学生猜想之后便开始自主动手活动验证！

　　教师如若能在课堂教学中，恰当运用"历史典故"，也能引起学生的学习兴趣。当教师在教学中恰当地引入那些趣味横生的文学典故、数学史趣闻、科学家轶事等，就会发现这对促进学生的有意义学习是很有益处的。

　　一位小学语文教师在教学古诗《草》时，便是通过一则文学故事导入新课的。一上课，教师对学生说："今天我们要学习一首古诗，老师先给同学们讲讲这首诗的作者白居易的故事"。教师边板书诗作者"白居易"边娓娓道来。故事是这样的：白居易是我国唐朝人，他出身贫寒，但从小热爱学习，特别喜欢写诗。16岁那年，白居易离开家乡到京都长安后，仍不断写诗。为提高写诗的水平，他到处求名师指点。有一次，他去拜访当时的老诗人顾况。顾况是个爱开玩笑的人，当他得知眼前这个年轻人叫白居易时，又想开玩笑了。他说："唉呀！你这个名字可起得不妙啊。"顾况摸着胡须道："你的名字叫居易。现在长安城里米价昂贵，租屋困难，要想在这里住下来，可不太容易啊。"白居易听了这句话，想想自己到长安后经常愁衣少食，四处借债的情景，不禁深有感触地说："你说得好，在京都居住可真不容易啊！"顾况见眼前的年轻人谦虚好学，就说："好吧，把你写的诗念给我听听。"白居易开始读诗了。（放录音《草》朗诵）白居易刚读完，顾况便连声赞道："好诗好诗，你能写出这样的好诗，前程无量。居易这名字取得真好哇！"白居易不解地问："老先生，刚才您还说我的名字取得不妙，现在又说我的名字取得好，这不是自相矛盾了吗？"顾况笑着说："刚才不知道你会写诗，所以才说你居住长安不容易，名字取得不妙。现在看你能写出这么好的诗。所以说你居住长安很容易，名字起得真好。"说完就热情地指点起来。从那以后，白居易更加勤奋起来，终于成为我国唐朝三大诗人之一（其他两位是李白和杜甫）。故事讲完后，教师接着说："下面我们就来学这首诗，看看白居易写的诗到底好在哪里?"

接下来，该教师开始讲解新课，学生兴趣盎然地投入新课的学习。这则故事巧妙地介绍了诗人及创作诗的时代背景，既自然地揭示了本课教学内容，使学生对新课大意有初步的感知，又缩小了时空差，解决了学习古诗由于年代相隔久远而无法产生共鸣感的大障碍，让学生轻松、愉快地进入诗人创设的意境中去。